LES CLÉS POUR COMPRENDRE LA PHILOSOPHIE

30 FICHES
À DÉCOUVRIR

LES CLÉS POUR COMPRENDRE LA PHILOSOPHIE

30 FICHES
À DÉCOUVRIR

EDITIONS ESI

La philosophie est une discipline hospitalière. Elle accueille dans son questionnement des problèmes venus de tous bords. De chaque domaine, elle prélève ensuite ce qui concerne l'homme en propre, ce qui s'y joue d'essentiel, son sens pour lui. Elle n'aborde pourtant le problème de l'homme en tant que tel pour ainsi dire jamais, non seulement parce qu'en bonne héritière des *Règles pour la direction de l'esprit* de Descartes, elle a appris l'analyse, c'est-à-dire la division du complexe en autant d'éléments simples; mais aussi plus fondamentalement parce que la question de l'homme, comme le pense Jean-Luc Marion dans *Certitudes négatives*, se doit de rester sans réponse. Ramenant tout objet de connaissance et toute question à l'homme, la philosophie ne saurait en effet se résoudre à faire de l'homme un autre de ses objets. Il reste que cela fait d'elle un patrimoine proprement humain, dont la vocation est de circuler bien au-delà des frontières de l'Université. Destiné à tous, le présent ouvrage est ainsi voué à parler spécifiquement à chacun. Il aborde les grands thèmes de la philosophie par le biais de ses « philosophèmes » les plus fameux, c'est-à-dire des termes que la philosophie s'est si bien appropriés qu'ils ont fini par prendre un sens qui fait maintenant partie intégrante du corpus philosophique classique, de la doxa. Ceux qui préparent le baccalauréat y trouveront des synthèses que nous espérons utiles, tandis que les autres pourront y naviguer librement au gré de leurs envies et de leurs intérêts afin, nous le souhaitons, d'y trouver matière à penser plus avant.

La philosophie

Tout en ébranlant notre certitude concernant la nature de ce qui nous entoure, la philosophie accroît énormément notre connaissance d'une réalité possible et différente; elle fait disparaître le dogmatisme quelque peu arrogant de ceux qui n'ont jamais parcouru la région du doute libérateur, et elle garde intact notre sentiment d'émerveillement en nous faisant voir les choses familières sous un aspect nouveau.

Bertrand Russell, *Problèmes de philosophie*

La philosophie est sans doute la seule discipline qui ait fait de sa propre définition une si grande affaire. La question de son objet, de sa nature (est-elle une science, une discipline, quelque chose à quoi on s'exerce ?), de la pertinence des recherches qu'elle mène et de leur bien-fondé est le point de départ naturel de toute réflexion philosophique. De fait, aucune discipline n'est sans doute autant le reflet de son temps que la philosophie, aucun autre domaine de pensée ne semble aussi hospitalier à des questionnements d'une si grande diversité – au point que la tâche de rendre raison de leur unité pourrait très bien s'avérer vaine – et nulle part ailleurs qu'en philosophie la figure du promoteur n'est aussi indissociablement liée aux travaux qu'il mène. Sans poursuivre l'ambition démesurée d'en produire une définition définitive, nous essaierons donc ici d'apporter quelques éléments de réponse à cette écrasante question : qu'est-ce que la philosophie ?

Quel est l'objet de la philosophie ?

La réponse la plus simple à la question « Quel est l'objet de la philosophie ? » consiste à dire qu'elle n'en a précisément pas puisque

tout peut être cet objet. La philosophie s'approprie en effet les objets des différentes sciences (des sciences dites dures autant que des sciences humaines) dont elle se distingue en substituant à la recherche du « comment ? » qui les caractérise celle du « pourquoi ? » qui serait la sienne en propre. La philosophie donnerait ainsi la raison d'être de tous les domaines qui font l'objet d'une entreprise de compréhension (le réel pour la science, l'art pour l'esthétique, les sciences humaines pour l'homme et la politique, le langage pour la linguistique, etc.) et serait le lieu d'une réflexion sur le sens du savoir ainsi acquis.
Mais cela n'est que partiellement vrai, car nombreux sont les objets de la philosophie sur lesquels n'est menée aucune autre recherche spécifique – ou du moins plus aujourd'hui. C'est par exemple le cas de l'ensemble que forme ce que l'on nomme la philosophie « pratique » ou morale. Dans ce domaine, la philosophie se fait prescriptrice et se défait de sa posture interrogative pour indiquer un « devoir ». C'est du reste le programme qui lui était assigné par sa définition grecque d'« amour de la sagesse ».
Si l'on veut définir un objet pour la philosophie, il faut donc tenir compte de deux grands domaines sur lesquels porte son questionnement : ce qui est et ce qui doit être.

Le style philosophique

Mais un tel objet est à la fois trop hétérogène et trop large pour suffire à définir la philosophie, dont on a d'ailleurs tendance à penser que l'objet importe moins que la méthode de son questionnement. Il est pourtant aisé de constater que l'histoire de la philosophie a vu se succéder les méthodes les plus diverses, de la maïeutique ou « *accouchement des esprits* » chez Socrate, au doute méthodique de Descartes, en passant par la démonstration selon la méthode géométrique dans *L'Éthique* de Spinoza, par l'encyclopédie au siècle des Lumières, la généalogie chez Nietzsche ou l'archéologie chez Foucault. La forme systématique de la philosophie, qui a constitué l'un de ses traits distinctifs pour une bonne partie des philosophes dits « modernes », a elle-même été complètement abandonnée.

La figure du philosophe a connu de semblables bouleversements, de Socrate si fortement engagé dans la cité qu'il fut condamné à mort pour avoir subverti la jeunesse, à Spinoza excommunié pour ses positions prétendument athées, du philosophe intempestif chez Nietzsche à l'intellectuel engagé chez Sartre.

De ces observations ressort l'idée que la philosophie s'est déployée au long de son histoire selon autant de « styles » – ou peu s'en faut – qu'il y a de philosophes. Le seul point commun tient sans doute à cette « marque de fabrique », à la nécessité de ce positionnement qui semble indissociable de l'entrée en philosophie. C'est peut-être le signe qu'il faut chercher la caractéristique exclusive de la philosophie dans ce qu'elle produit, dans ce qu'elle crée plus que dans ce qu'elle présuppose. Cela s'accommoderait très bien, du reste, de l'idée selon laquelle l'histoire de la philosophie tient plus d'une accumulation, certes raisonnée et dans une certaine mesure nécessaire, que d'une réelle évolution où les savoirs nouveaux annuleraient les précédents.

La philosophie comme création de concepts

L'un des invariants de toute philosophie – qui se trouve correspondre à la définition que Gilles Deleuze et Félix Guattari en donnent dans *Qu'est-ce que la philosophie ?* – réside dans la création de concepts. Pour Deleuze et Guattari, la philosophie est connaissance par purs concepts, le concept étant conçu comme la création d'un tout articulé obéissant à une règle de composition dont il donne la loi afin de résoudre un problème. Le concept d'Idée chez Platon peut se définir comme ce qui possède objectivement une qualité pure ou comme ce qui n'est pas autre chose que ce qu'il est tandis que les choses

sont toujours autre chose que ce qu'elles sont – il y a Idée de mère par exemple, s'il y a une mère qui n'est pas autre chose que mère (qui n'aurait pas été fille à son tour). Le concept d'Idée a été créé en réponse au problème de la recherche de celui qui serait le plus apte à gouverner : le politique devra être celui qui se rapproche le plus de l'Idée du politique, c'est-à-dire chez qui le politique prend le dessus sur tout le reste.
« Point singulier où le concept et la création se rapportent l'un à l'autre » (Gilles Deleuze), la philosophie n'est ainsi ni contemplation, ni réflexion : elle n'est pas contemplation, car les contemplations sont les choses elles-mêmes en tant que vues dans la création de leurs propres concepts ; elle n'est pas réflexion, parce que personne n'a besoin de philosophie pour réfléchir sur quoi que ce soit. Elle n'est que création de concepts par lesquels elle réorganise le réel, et ce faisant, l'informe afin de le résoudre.

À RETENIR

L'objet de la philosophie

La philosophie s'approprie les objets des différentes sciences, sciences dures et sciences humaines, déplaçant son questionnement sur le sens des énoncés qu'elles produisent et sur la démarche qui les anime. En matière de morale elle se fait prescriptrice, indiquant ce qui doit être et non simplement ce qui est.

Une discipline cumulative

En philosophie, les idées et les systèmes ne se périment pas : ils s'accumulent, proposant toujours de nouvelles manières de voir, mais ne s'annulent que rarement les uns les autres. Le « style » philosophique et le mode d'interrogation du réel dont il se soutient sont tout aussi importants que les conclusions auxquelles il parvient.

Une connaissance par purs concepts

Une définition possible de la philosophie la donne comme une discipline créatrice de concepts qui, venant réorganiser le réel de manière inédite en vue de résoudre un problème, en font progresser la connaissance.

La conscience

Quand j'ouvre les yeux pour les refermer aussitôt, la sensation de lumière que j'éprouve est la condensation d'une histoire extrêmement longue dans le monde extérieur. Il y a là des trillions d'oscillations formant une série d'événements telle que si je voulais la compter, j'y mettrais des milliers d'années. Mais ces événements qui rempliraient trente siècles d'une matière consciente d'elle-même n'occupent qu'un instant de ma conscience, capable de les contracter en une sensation pittoresque de lumière.

Bergson, *L'Énergie spirituelle*

Cum scientia, « avec science » : la conscience désigne l'ensemble des représentations dont nous avons connaissance à l'état d'éveil, par opposition au sommeil ou à l'état d'« inconscience » dans lequel certains états de grande vulnérabilité physique peuvent nous plonger. Dans un sens figuré mais non moins fondamental, la notion de conscience renvoie à cette instance de jugement intérieur qui fait de nous des êtres responsables de nos actes, c'est-à-dire libres. Bonne ou mauvaise, la conscience s'oppose alors à l'inconscience morale, qui est une forme d'irresponsabilité de droit ou même de fait, pour ceux que le droit démet au moins partiellement des risques encourus par quiconque viole la loi. Dans un cas comme dans l'autre, on trouve le même paradoxe d'une intériorité qui ne tient que par son rapport au monde extérieur ou à une norme qui lui est hétérogène, si bien que l'on peut à bon droit se demander ce qui nous est véritablement propre dans la conscience que nous avons de nous-mêmes.

La conscience comme intériorité

Descartes, qui n'a pourtant jamais employé le terme de conscience, est généralement considéré comme le fondateur de ce concept. Recherchant dans les Méditations métaphysiques une certitude première sur laquelle fonder sa philosophie, il la trouve dans cette capacité que nous avons, non seulement de penser, mais de penser que nous pensons : « *Je pense, j'existe, cette proposition est nécessairement vraie toutes les fois que je la conçois en mon esprit.* » La certitude de mon existence est solidaire de ma condition d'être pensant. Descartes en conclut que l'homme est une substance pensante, une âme, une conscience. Qu'importe finalement comment on le nomme, l'homme est quelque chose « *dont la nature n'est que de penser, et qui pour être n'a besoin d'aucun lieu ni ne dépend d'aucune chose matérielle* ». Descartes formule ainsi l'hypothèse dualiste selon laquelle l'âme, fondamentalement distincte du corps, habiterait celui-ci « *comme un pilote dans son navire* ».
La conscience réside donc dans la saisie réflexive de nos états mentaux : nous sommes non seulement capables de penser, mais encore pouvons-nous penser que nous pensons. Peut-être, dira Nietzsche, mais il reste qu'entre ce constat et la supposition de l'existence d'un « je » qui serait en quelque sorte le support de toutes ces pensées, Descartes substitue l'hypothèse au régime de certitude dont il se réclame pourtant. Ce sera également l'objection de Kant : ce n'est pas parce que de tout ce que je fais, je peux dire que je le fais, ni même parce que je pense tout ce que je pense, que le moi est pour autant quelque chose qui existe à part, indépendamment de mes actes ou

de mes pensées. Autrement dit, l'hypothèse que « ça pense » en moi est tout aussi plausible que celle selon laquelle mes pensées seraient produites par une conscience qui me définirait comme « je ».

La conscience comme intentionnalité

Non seulement la conscience que fonde le cogito cartésien repose sur l'hypothèse d'un « je » qu'elle ne démontre pas, mais elle perd toute son évidence dès lors qu'on la prive des objets qu'elle appréhende. Quelque chose comme un sujet est-il pensable indépendamment des objets auxquels il s'oppose ? La grande intuition de Husserl, le fondateur de la phénoménologie, est que la conscience est par nature intentionnelle, c'est-à-dire qu'elle tend toujours vers ce dont elle est conscience : *« Toute conscience est conscience de quelque chose. »* On peut donc décrire la conscience en fonction de sa visée, c'est-à-dire de l'objet vers lequel elle se trouve dirigée, par exemple selon que cet objet existe ou non, mais on ne peut décrire une conscience sans objet, puisqu'il faut pour qu'il y ait conscience qu'une visée rencontre un objet. *« La conscience et le monde sont donnés du même coup. Extérieur par essence à la conscience, le monde est par essence relatif à elle »,* explique Sartre dans *Situations I*. Est-ce à dire que nous serions de purs réceptacles recevant passivement les stimulations du monde extérieur ? De fait, nos actions et nos pensées se soutiennent toujours d'une expérience, d'un ensemble de souvenirs et de connaissances qui constituent pour Bergson, avec notre capacité à nous projeter dans un futur plus ou moins proche, le véritable contenu de notre conscience. Une banale sensation de lumière lorsque nous n'ouvrons les yeux qu'un instant est déjà la synthèse d'une multitude de perceptions infinitésimales qui ne feraient que nous encombrer si nous n'étions capables d'effectuer un tri parmi elles. Il ne s'agit pas là d'une pensée consciente d'elle-même au sens cartésien, nous le faisons fort heureusement sans avoir besoin de penser que nous le faisons, mais il s'agit bien d'une forme de conscience, dans la mesure où elle informe notre perception du réel.

La conscience comme faculté de choix

L'erreur de Descartes tient au fond à ce que l'intuition du cogito lui vient dans une situation tellement artificielle qu'elle en perd toute réalité : notre conscience est en effet toujours déjà tournée vers l'action et ne s'exerce qu'en situation. La sphère morale, où la conscience désigne d'ailleurs également la manière dont nous nous représentons nos actions et leur attribuons une valeur morale (positive quand nous avons « bonne conscience », négative lorsque nos actions nous donnent « mauvaise conscience »), nous fournit ainsi le modèle de sa juste compréhension : notre conscience se décline tout au long d'une échelle de clarté à elle-même, de ce que Leibniz appelle les *« petites perceptions »* demeurées inconscientes (le bruit de la mer s'échouant sur le rivage est ainsi fait d'une multitude de perceptions inconscientes dont je ne perçois que l'agrégat) jusqu'à la pleine conscience qui s'apparaît pleinement à elle-même dans le registre moral. Dans l'intervalle se situent tous les autres degrés de conscience, depuis la mémoire ou l'anticipation de l'avenir qui, s'éloignant de l'action, concentrent la conscience sur elle-même, jusqu'à l'action qui la dilate dans son effectuation.

À RETENIR

L'erreur de Descartes

Le cogito amène Descartes à formuler sa conception de l'homme comme substance pensante et de la conscience comme intériorité : la certitude que je pense étant en effet la seule dont je puisse être certain, Descartes pose qu'elle me définit dans mon rapport à moi indépendamment de toute expérience.

L'intentionnalité

Mais une telle conscience est une pure abstraction qui ne tient pas compte de la réalité de mon expérience quotidienne, où ma conscience, tournée vers l'action, n'apparaît pas aussi clairement à elle-même d'une part, et se soutient de ses rapports au monde extérieur d'autre part.

Des différents degrés de conscience

De la conscience parfaitement transparente à elle-même dans l'action morale, jusqu'aux perceptions inconscientes qui constituent l'essentiel de mon rapport quotidien au monde, se décline tout un éventail de degrés de conscience, parmi lesquels on trouve la mémoire, où elle se resserre, et l'action, qui la dilate.

La perception

Prenons pour exemple ce morceau de cire : il est dur, il est froid et si vous le frappez, il rendra quelque son. Mais voici qu'on l'approche du feu : sa couleur se change, sa figure se perd, il devient liquide, il s'échauffe. Qu'est-ce donc que l'on connaissait en ce morceau de cire ? Ce ne peut être rien de tout ce que j'y ai remarqué par l'entremise des sens, puisque toutes les choses qui tombaient sous le goût ou l'odorat ou la vue se trouvent changées, et cependant la même cire demeure.

Descartes, *Méditations métaphysiques*

La perception est le résultat conscient de l'ensemble des sensations qui nous affectent : percevoir vient du latin *percipere*, « prendre ensemble », « récolter », autrement dit organiser des sensations en un tout signifiant. Elle est en cela notre mode d'accès au monde, le support de toute connaissance issue de l'expérience et, dans une certaine mesure, le support de la possibilité de toute conscience. L'un des problèmes majeurs que la perception pose à la philosophie est celui du statut qu'il convient de lui accorder : me donne-t-elle accès à ce que les choses sont en elles-mêmes, indépendamment de moi qui les perçois, ou bien la perception que j'en ai doit-elle être considérée avec toute la précaution qu'impose son caractère relatif, changeant, affecté de paramètres que je ne maîtrise pas ? La réponse n'engage rien de moins que la possibilité d'une connaissance authentique du monde matériel et la possibilité de la science en général.

La querelle des qualités

La perception se distingue de la pensée en ce qu'elle requiert la présence concrète de quelque chose et de la mémoire et de l'imagination

en ce qu'elle suppose que ce quelque chose soit présent « en chair et en os » et non simplement à l'état d'image mentale. Je ne perçois que ce qui est susceptible d'affecter mes sens, mais il faut pour que je le perçoive que j'ai conscience de cette affection, et en tout premier lieu que je ne dorme pas. La perception est ainsi doublement dépendante : du perçu d'une part et de qui le perçoit d'autre part. Elle requiert l'usage de nos sens que le perçu affecte, puis de notre entendement qui va relier ce qu'il reçoit des sens à ce qu'il connaît déjà : je vois une table, je la touche et le lien se fait dans mon esprit entre ces sensations et l'image d'une table en général.

Descartes fait pourtant valoir dans les *Méditations métaphysiques* qu'un objet aussi simple qu'un morceau de cire peut affecter mes sens de manières très différentes suivant l'état dans lequel il se trouve lui-même. Comment, dès lors, être assuré de la validité de mes perceptions puisqu'elles varient en même temps que le morceau de cire ? Il faut pour Descartes faire la part des qualités premières, qui demeurent dans l'objet quel que soit son état, et des qualités secondes qui varient non seulement suivant les états de l'objet, mais aussi en fonction de celui qui le perçoit.

Lorsque nous percevons un objet, certaines de ses caractéristiques, comme son étendue, le fait qu'il remplisse un certain espace, lui sont coextensives et ne dépendent pas du sujet percevant. Mais il n'en va pas de même, par exemple, de sa couleur ou de son goût, dont, en l'absence d'étalon absolu, nous ne pouvons qu'espérer qu'elles sont perçues par tous de manière à peu près équivalente : il s'agit des qualités secondes de l'objet, qui, pouvant de plus varier en fonction de son état, ne sauraient fonder une connaissance certaine.

La critique kantienne

La critique cartésienne jette-t-elle un discrédit définitif sur la perception ? Poussé à l'extrême, le raisonnement voudrait alors que l'on s'écarte autant que possible du sensible, source d'erreur, pour réserver la possibilité de toute connaissance en général au domaine de l'intelligible, comme Platon qui voyait dans les « Idées » les seuls objets d'un savoir véritable.
Dans la *Critique de la raison pure*, la « révolution copernicienne » opérée par Kant quant à la connaissance permet de réhabiliter la connaissance issue de l'expérience. Plutôt que de considérer l'objet comme une réalité devant laquelle la raison ne pourrait que s'incliner, la démarche kantienne consiste à poser que l'objet est au contraire déterminé par notre raison. Les objets tels qu'ils existent, indépendamment de notre faculté de sentir, nous sont certes inaccessibles, mais ils constituent une matière à laquelle notre faculté de sentir imprime une forme qui est la même pour tous. L'étendue qui était chez Descartes une qualité première perçue par tous et indissociable de l'objet devient chez Kant la forme a priori de notre sensibilité : nous ne pouvons pas ne pas percevoir les objets dans l'espace et cela, comme l'avait bien vu Descartes au sujet de l'étendue, constitue un point d'ancrage irrécusable susceptible de fonder une connaissance issue de notre sensibilité.
Chez Kant, c'est même de plein droit que la connaissance prend appui sur les perceptions issues de notre faculté de sentir, car, de la même manière que des *« intuitions* [sensibles] *sans concept sont aveugles »*, c'est-à-dire de même que des sensations qui ne seraient pas mises en forme par l'entendement ne nous serviraient à rien, *« des pensées sans contenu sont vides ».* La production d'un jugement de connaissance implique donc la collaboration de notre faculté de sentir et de notre entendement.

Le problème du corps

Pourtant, comme Kant le note lui-même dans un texte intitulé *Du premier fondement de la différenciation de l'espace en régions*, l'exemple des objets symétriques mais non superposables prouve que certaines intuitions spatiales sont absolument inaccessibles à l'entendement. Celui-ci ne peut en effet accéder au concept de deux mains en tous points identiques mais non superposables, parce qu'il faut pour le comprendre se trouver dans l'espace afin de distinguer la droite de la gauche.

Autrement dit, il faut non seulement avoir un corps, mais il faut encore avoir un corps doté de ce que Merleau-Ponty appelle un « schéma corporel ». Dans sa *Phénoménologie de la perception*, celui-ci propose en effet de distinguer « deux couches distinctes » : le corps actuel, anatomique, qui est le corps comme on l'entend généralement, et le corps habituel, qui est le résultat de l'acquisition du schéma corporel et grâce auquel je suis capable de me situer et de m'orienter dans l'espace, de localiser le point où une sensation affecte mon corps actuel, d'effectuer sans réfléchir certains gestes du quotidien comme m'habiller.

À RETENIR

Qualités premières et secondes

Il faut pour Descartes faire le tri dans ce que nous percevons : certaines propriétés des choses, les qualités premières telles que l'étendue, sont bien dans les choses et sont susceptibles d'être connues ; mais il est un autre type de qualités plus ou moins subjectives, comme la couleur, dont on ne peut pas être certain qu'elles ne sont pas le fruit de nos sens déréglés et qu'on ne peut par conséquent connaître assurément.

La connaissance issue de la perception

Kant dit un peu la même chose mais d'une autre manière : on ne peut se fier dans notre perception qu'à ce qui tient à ce que nous mettons dans toute perception. En revanche, notre perception est absolument requise pour tout jugement de connaissance.

Le corps : perçu et percevant

Les phénoménologues, dont Merleau-Ponty, ajouteraient à cela la condition que l'on tienne compte également du fait que notre corps qui perçoit est aussi perçu.

L'inconscient

L'inconscient est pareil à un grand cercle qui enfermerait le conscient. Il ne peut y avoir de conscient sans stade antérieur inconscient, tandis que l'inconscient peut se passer de stade conscient et avoir cependant une valeur psychique. L'inconscient est le psychique lui-même et son essentielle réalité. Sa nature intime nous est aussi inconnue que la réalité du monde extérieur, et la conscience nous renseigne sur lui d'une manière aussi incomplète que nos organes des sens sur le monde extérieur.

Freud, *L'Interprétation des rêves*

L'avènement de la notion d'inconscient a imposé à la philosophie une remise en cause de très vaste portée, dans la mesure où elle a ébranlé le pilier autour duquel son histoire s'est nouée pendant plusieurs siècles : la philosophie du sujet conscient de ses pensées et de ses actes, telle qu'elle fut inaugurée par le cogito cartésien. Supposant en effet qu'une partie de nos états mentaux et des pulsions qui nous meuvent peuvent demeurer inaccessibles à notre conscience, elle semble remettre en cause jusqu'à l'idée de liberté. Si la plupart des réfutations de la psychanalyse échouent de fait à en démentir formellement les conclusions, faut-il déduire de cette part d'opacité à soi qui est coextensive à l'idée d'inconscient que nous serions moins libres depuis sa formulation par Freud ?

La théorie de l'inconscient

L'histoire de la formulation par Freud de l'hypothèse de l'inconscient est bien connue. Ce seraient les lapsus, les actes manqués et les rêves qui lui auraient donné l'idée que ces épiphénomènes apparemment

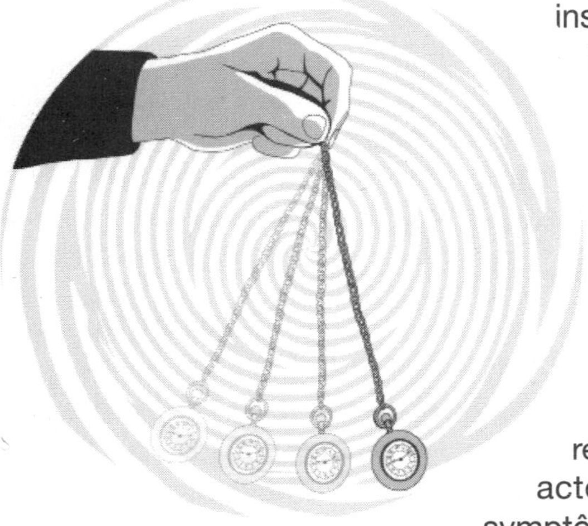

insignifiants pourraient se révéler les indices précieux de l'existence de toute une partie de notre psychisme à laquelle nous n'aurions pas accès. Sa pratique de l'hypnose puis de l'association libre lui ont ensuite montré que le sujet pouvait prendre connaissance de certains des mécanismes inconscients, responsables non seulement des actes manqués, mais aussi des symptômes psychopathologiques.

Pour rendre compte du phénomène de censure que semblent désactiver certains procédés thérapeutiques, Freud formule la théorie du refoulement : notre énergie sexuelle – la libido – fait de nous le siège de pulsions que notre éducation et la vie en société nous ont si bien appris à réfréner qu'il devient moins coûteux pour notre conscience de s'en délester que de les satisfaire. Dans son *Introduction à la psychanalyse*, Freud représente la conscience comme un salon devant lequel veille un gardien chargé de contenir les tendances psychiques qui, depuis l'antichambre de l'inconscient, tentent d'en franchir le seuil. Le gardien repousse la plupart d'entre elles, qui ne peuvent devenir conscientes – elles sont refoulées – tandis qu'il en laisse d'autres passer le seuil jusqu'à cette sorte de salle d'attente qu'est le préconscient, où les tendances psychiques doivent attirer l'attention de la conscience pour devenir conscientes.

Tentative de réfutation de la notion d'inconscient

L'inconscient ouvre ainsi une brèche, profonde et définitive, dans la conception du sujet et de sa liberté. Il nous démet en effet d'une partie de notre libre arbitre dans une mesure qu'il est impossible d'évaluer : cette pièce remplie de tendances psychiques qui me sont inaccessibles et ce gardien qui décide desquelles je peux avoir conscience me coupent radicalement de moi-même et montrent que « ça pense »

en moi sans doute au moins autant que je ne pense moi-même.
De nombreuses réfutations de cette inquiétante hypothèse ont évidemment été tentées. Nous retiendrons la plus célèbre, celle de Jean-Paul Sartre. Prenant appui sur le mécanisme de l'émotion, il tente de montrer que l'inconscient n'est que le cache-misère utile de notre mauvaise foi. Une jeune femme est attablée dans un café avec son prétendant. La soirée se passe bien, la discussion est animée, et tandis que l'incertitude de son issue se précise peu à peu, le garçon pose sa main sur celle de la jeune femme. Surprise par cet assaut, celle-ci choisit de ne pas réagir, c'est-à-dire qu'en toute mauvaise foi, elle choisit de laisser sa main en gageant que cette absence de réaction ne l'engage pas déjà, qu'elle peut passer pour une non-décision. Elle n'a pour ainsi dire pas conscience d'avoir pourtant déjà décidé de se laisser aller à la situation, et de fait, au moment où elle a laissé cette main se poser sur la sienne sans la retirer, elle n'a pas délibéré. De sa décision le seul indice est le rouge qui lui est monté aux joues : l'émotion est pour Sartre l'une des manifestations de notre mauvaise foi, qui pourrait être plus justement qualifiée de « mauvaise foi de bonne foi » dans la mesure où cet instant où nous décidons effectivement est tellement bref qu'il n'apparaît pas nettement à notre conscience.

Hypothèse de l'inconscient et liberté

La critique que Sartre fait de Freud est sans doute elle-même de mauvaise foi : quelque pertinentes que soient ses analyses, elles ne permettent pas de rendre compte de la diversité et de la gravité psychopathologique de certains troubles que la théorie freudienne de l'inconscient embrasse. Elle a pourtant le mérite d'indiquer l'un des chemins possibles vers le dépassement des apories philosophiques qu'elle induit.
Ce n'est pas chez Freud, mais chez Leibniz, que l'on relève en effet la première occurrence du terme d'inconscient : quantité de « petites perceptions » nous demeurent inconscientes pour s'agréger dans des impressions plus fortes et composées que nous sommes en mesure de percevoir. Il est tout aussi vrai qu'à un moment t donné, seule une infime partie des images, des souvenirs, des connaissances dont nous disposons est susceptible d'accéder à notre conscience, parce que

l'intégralité de ceux-ci nous encombrerait d'une part, mais aussi parce qu'il peut nous arriver d'oublier avant de nous ressouvenir. Postulant que le travail analytique est capable de lever la censure qu'opère le refoulement, la théorie freudienne ne fait d'un certain point de vue qu'approfondir une conception de la conscience qui se ménage la possibilité de penser celle-ci comme échelonnée selon des degrés. Et quand bien même y aurait-il une part de nous-mêmes susceptible de nous demeurer obscure, la connaissance de son existence ne nous met-elle pas plus sûrement en chemin vers une liberté plus grande que son ignorance, voire son déni ?

À RETENIR

L'inconscient freudien

L'hypothèse de l'inconscient formulée par Freud implique qu'une part importante de notre vie psychique nous demeure cachée du fait du refoulement que notre éducation et la vie en société nous amènent inconsciemment à opérer sur certaines tendances psychiques.

La critique sartrienne

Sartre pense que la notion d'inconscient, loin de correspondre à une instance psychique, n'est qu'une autre manière de nommer la mauvaise foi sous laquelle nous dissimulons certaines décisions, feignant de ne pas avoir eu le choix, ou pire, comme la jeune femme dans le café, d'avoir été agis par la situation.

La liberté réaffirmée

L'inconscient peut être vu comme le dernier stade de ce qui, depuis la conscience parfaitement transparente à elle-même, constituerait son échelle de degrés jusqu'à l'opacité à soi. De manière générale, l'hypothèse de l'inconscient ne peut être conçue comme aliénante dès lors que l'on considère sa connaissance comme la possibilité de nous en émanciper.

Autrui

C'est-à-dire que l'homme n'est humain que dans la mesure où il veut s'imposer à un autre homme, se faire reconnaître par lui. Au premier abord, tant qu'il n'est pas encore effectivement reconnu par l'autre, c'est cet autre qui est le but de son action, c'est de cet autre, c'est de la reconnaissance par cet autre que dépendent sa valeur et sa réalité humaine, c'est dans cet autre que se condense le sens de sa vie.

Kojève, *Introduction à la lecture de Hegel*

Parmi tout ce qui diffère de moi, parmi ce qui m'est « autre », autrui se dégage comme un ensemble dont le concept pose problème. Autrui est en effet cet autre que moi avec qui j'ai en commun l'essentiel de ce qui me constitue tel que je suis, un alter ego, une autre conscience qui fonde et brouille la mienne tout à la fois. Car dès lors que je lui oppose cette altérité radicale, le doute s'installe en moi : serais-je seulement cette conscience douée de réflexivité si un autre ne pouvait lui tenir lieu de miroir ? Pour être une évidence phénoménologique, la découverte d'autrui est ainsi le point de départ d'un questionnement vertigineux sur son rôle dans la constitution de ma propre conscience, sur les interactions, fondatrices de mon identité autant que de celle d'autrui, que ma conscience engage avec la sienne et enfin sur les responsabilités mutuelles que ces interactions impliquent ou non.

La découverte d'autrui

Le problème d'autrui est un tard-venu de la philosophie. On peut dater son émergence du cogito cartésien, qui, fondant l'existence du sujet

pensant, pose immédiatement le problème de son rapport à d'autres sujets pensants. Il existait chez les Grecs sous la forme d'un problème logique, celui du même et de l'autre, mais il ne concernait pas le rapport de conscience à conscience, que les Grecs interrogeaient plus volontiers sur le mode des différentes communautés d'appartenance de l'individu (politique, familiale, amicale).

La méthode du doute asymptotique aboutit, si l'on suit Descartes, à la découverte de la certitude première de mon existence : « *Je pense, j'existe, cette proposition est vraie toutes les fois que je la conçois en mon esprit* » (*Méditations métaphysiques*). L'enjeu est alors de savoir si le cogito est le fait d'une conscience isolée – hypothèse du solipsisme de la conscience, selon laquelle elle existerait seule avec ses représentations – ou si d'autres sujets pensants peuvent en être déduits. Si pour Descartes l'usage de la parole chez autrui atteste de ce qu'il pense comme moi, et donc existe tout aussi nécessairement, il reste que je peux encore douter qu'il ne soit pas un automate qu'un malin génie animerait pour me tromper : l'existence d'autrui repose donc en dernière analyse sur celle de Dieu, démontrée par Descartes. Mais l'hypothèse du malin génie est-elle sérieusement crédible ? Si Husserl accorde à Descartes que les vécus de conscience d'autrui ne peuvent m'être accessibles comme tels, l'évidence de son existence n'en est pas moins donnée dès lors qu'est établie la mienne. Je peux en effet me transposer par la pensée dans la conscience d'autrui et, à défaut de la connaître, je suis capable de la reconnaître comme conscience.

La dialectique des consciences

Quel est sur moi l'effet de cette découverte ? Un autre que moi se tient en face, qui est tout à fait semblable et pourtant radicalement différent. L'interaction de deux consciences ne semble pas pouvoir se solder par un match nul ou, pire, par une indifférente neutralité. La rencontre de ma conscience avec une autre aboutit à une confrontation, Sartre y voit d'ailleurs la simple conséquence logique de la définition de la conscience. Toute conscience est saisie réflexive d'un objet par un sujet. Lorsque j'ai conscience d'une autre conscience, de sujet conscient de lui-même je la transforme en objet saisi par ma conscience : Sartre dit que je le chosifie et que, faisant de lui un objet, je le prive de son essentielle liberté. La confrontation de deux consciences aboutit nécessairement à la destruction de l'une comme conscience et à la victoire de l'autre qui a non seulement anéanti (Sartre dit « néantisé ») la première, mais qui s'est surtout préservée elle-même dans toute sa liberté.

Ces analyses doivent beaucoup à la pensée de Hegel qui, dans sa *Phénoménologie de l'esprit*, a produit une véritable odyssée de la conscience. La dialectique du maître et de l'esclave est bien connue : lors de la confrontation de deux consciences, celle qui est prête à faire l'épreuve de la mort réduit l'autre en esclavage ; mais cette reconnaissance n'est qu'un jeu de dupe, car la conscience esclave n'étant qu'un fantôme de conscience, l'avantage du maître n'est que de peu de valeur et, de fait, par son travail et l'authentique reconnaissance qu'il en retire, l'esclave va bientôt le réduire à son tour en esclavage.

Une responsabilité morale envers autrui ?

Le rapport à autrui n'est pas qu'un rapport de pensée à pensée : autrui est en effet aussi – et peut-être d'abord – celui qui est comme moi doué de sentiments et qui convoque par là mon empathie (par laquelle je comprends les sentiments de l'autre en m'imaginant à sa place) voire ma sympathie (par laquelle, du fait de mes sentiments pour lui, je partage les siens). Autrui est ainsi pour de nombreux penseurs la valeur morale par excellence, celle qui fonde toutes les autres, et notamment pour Kant qui en fait l'une des maximes de la morale qu'il expose dans les *Fondements de la métaphysique des mœurs* : « *Agis toujours de telle sorte que tu traites l'humanité, aussi bien dans ta personne que dans la personne de tout autre, toujours en même temps comme une fin et jamais simplement comme un moyen. »*

Autrui est une valeur absolue, c'est pour Kant une exigence de la raison pratique qui sans elle ne reposerait sur rien. Dans Soi-même comme un autre, Ricœur en propose une interprétation : le « soi » – que Ricœur oppose au « je » comme sa contrepartie plus impersonnelle et moins égocentrique – se construit dans son clivage avec le « je » sur le mode du rapport à autrui, de la promesse faite à soi-même, de la parole donnée. La construction du sujet se fait donc sur le mode de l'altérité, de ce que le soi se pose comme un autre vis-à-vis du je d'un point de vue moral puisqu'il l'engage : le respect moral d'autrui devient ici la condition de l'avènement de soi.

À RETENIR

L'existence d'autrui

Dans le doute radical qu'il décide d'appliquer comme méthode, Descartes trouve la certitude de sa condition de sujet pensant et de celle d'autrui avec elle. Husserl radicalise cette idée puisqu'il montre qu'étant capable de me transposer par la pensée dans la conscience d'autrui, je la reconnais d'emblée comme une conscience semblable à la mienne.

La lutte des consciences

Cette découverte n'est pas sans effet, ni sur ma conscience ni sur celle d'autrui : autrui est en effet celui auquel je me confronte, à qui je me mesure et dont la rencontre aboutit à une lutte qui ne peut me laisser que gagnant ou perdant.

L'altérité comme fondatrice du sentiment moral

Cette lutte des consciences ne doit pourtant pas occulter que si autrui est celui qui, comme moi, est doué de pensées, il est aussi celui qui ressent, souffre, aime, promet et pardonne comme je le fais moi-même. Kant et Ricœur voient ainsi dans la découverte de l'altérité la racine de tout sentiment moral.

Le désir

Le désir, la privation, est la condition préliminaire de toute jouissance. Or, avec la satisfaction cesse le désir et par conséquent la jouissance aussi. Donc la satisfaction, le contentement, ne saurait être qu'une délivrance à l'égard d'une douleur, d'un besoin; sous ce nom, il ne faut pas entendre en effet seulement la souffrance effective, visible, mais toute espèce de désir qui, par son importunité, trouble notre repos, et même cet ennui qui tue, qui nous fait de l'existence un fardeau.

Schopenhauer, *Le Monde comme volonté et comme représentation*

Ce que nous ressentons comme un manque ou une privation nous fait tendre vers lui, que nous le voulions ou non, et tant que cette tension dure, nous souffrons de la peine si particulière que nous cause le désir non encore satisfait. Indissociable de la douleur qu'il occasionne, le désir a pourtant été autant loué que conspué. Nous focalisant sur ce que l'on ne peut atteindre, ou dont l'atteinte ne prodiguerait finalement pas le bonheur escompté, le désir nous détourne de ce que nous pourrions poursuivre avec intérêt. Les tenants du désir font au contraire valoir qu'en lui s'atteste notre force vitale, créatrice, ce par quoi il nous est donné de dépasser notre finitude. Comment expliquer que ce que certains s'appliquent à asservir à la raison, à dompter, à contrôler soit au contraire porté par d'autres au rang de notre marque distinctive, de ce qui constitue notre être en propre ? Comment penser le désir ?

Le désir comme trouble de l'âme

Les raisons invoquées à la charge du désir n'ont pas d'abord été morales : la défiance des Grecs envers le désir s'enracinait dans la

conviction qu'il était source de trouble et de douleur pour le corps et d'aveuglement pour l'âme, l'égarant par là de la tranquillité et du discernement dont elle est capable. Ainsi pour Platon, la seule chose éminemment désirable est la vérité. Tous les autres désirs qui nous viennent de l'union de notre âme avec le corps que nous habitons nous éloignent de celui qui nous fait rechercher la vérité. Ils perturbent notre âme et concentrent notre attention sur la recherche de biens (car c'est à la possession de biens que notre corps aspire), tandis que la vérité est à chercher dans le domaine de l'intelligible. Dans *La République*, le fameux mythe de la caverne montre ainsi que le seul moyen pour l'homme de parvenir à la vérité, à la contemplation des Idées qui n'ont rien de sensible, est de se séparer du corps et de *« regarder avec l'âme en elle-même les choses en elles-mêmes »*.

Les pensées stoïcienne et épicurienne se rejoignent en ce qu'elles appellent toutes deux à une thérapeutique des désirs, en fonction de la nature de leur objet chez Épicure (il faut privilégier les désirs naturels et nécessaires comme boire et manger, modérer ceux qui sont naturels et non nécessaires comme celui de boire un bon vin, et proscrire ceux qui ne sont ni naturels ni nécessaires comme le désir de paraître), en fonction de la difficulté, ou même de la simple possibilité de les voir satisfaits chez Sénèque. Descartes a fait de cette injonction stoïcienne l'un des articles de sa morale provisoire : *« Il vaut mieux changer ses désirs plutôt que l'ordre du monde »* (*Discours de la méthode*).

Schopenhauer, dont les propos sur le désir ne sont pas plus élogieux, appelle cela « le nirvana » : réservé à quelques rares ascètes, la suspension volontaire du désir est la seule manière d'échapper à l'alternance de la souffrance et de l'ennui à laquelle nous condamne notre condition d'êtres désirants.

Le désir comme puissance

Pourquoi alors Ulysse, passant au large des sirènes, demande-t-il à son équipage de l'attacher au mât de son bateau pour jouir de leur chant tout en étant certain de ne pouvoir céder à leur irrésistible appel ? Alors que le reste de l'équipage préfère se boucher les oreilles, Ulysse, bien conscient qu'il serait trop faible pour y résister s'il n'était pas contraint, choisit tout de même d'éprouver son désir. Il désire désirer. C'est qu'il y a quelque chose de vertigineux dans le désir, une intensité qu'il nous serait sans lui difficile de goûter.

De bien des points de vue, le désir est en effet ce qui nous fait ressentir notre existence, qui atteste de sa puissance. Au-delà de la sphère du besoin qui vient seulement assurer notre subsistance, le désir manifeste notre besoin de dépasser notre horizon. Quel lecteur de l'*Odyssée* s'identifierait plutôt aux marins qu'à Ulysse ? Spinoza voit ainsi le désir comme la manifestation de notre conatus, c'est-à-dire de l'effort que nous faisons naturellement pour persévérer dans notre être : en désirant son désir plutôt que la satisfaction d'un désir mortel, en inventant la possibilité de jouir du chant des sirènes tout en étant certain de ne pas y succomber, n'est-ce pas exactement ce que fait Ulysse ?

De ce point de vue, il faudrait inverser le précepte cartésien et s'efforcer de changer l'ordre du monde pour satisfaire ses désirs dans une démarche qui pourrait s'inspirer de l'accroissement de la volonté de puissance chez Nietzsche.

Le désir comme jouissance

Il y a pourtant dans le désir d'Ulysse quelque chose de très particulier. Désirant désirer, il ne désire pas ce qui lui manque. Les soupçons portés sur le désir par tant de philosophes, qui postulent que le désir est tiraillement, souffrance, ne le calquent-ils pas à tort sur le modèle du besoin ? Dans *L'Anti-Œdipe*, Gilles Deleuze et Félix Guattari montrent ainsi que – tandis que dans le besoin le manque reste concret, réel – l'objet du désir, justement parce qu'il est inaccessible, devient finalement le désir lui-même, comme absolutisation ou idéalisation du manque. Dire que le réel est en défaut par rapport au désir n'a plus de sens à partir du moment où l'on conçoit ce dernier comme ce qui produit le réel, le façonne, met en place de nouveaux agencements. Le désir ne dérive pas de ce point de vue du besoin : c'est au contraire le besoin qui fait figure de *« contre-produit »* du désir pour les *« machines désirantes »* que nous sommes.

Cette conception du désir permet du reste de comprendre le désir amoureux qui, lorsque l'amour est heureux, réussit le tour de force de survivre à sa satisfaction. Si Platon recommandait une mise à l'écart des désirs alors qu'il fait dans *Le Banquet* l'apologie du désir amoureux, c'est parce que le désir qu'est l'amour, du manque qu'il est à l'origine, devient *« désir d'engendrer dans le beau »*.

À RETENIR

La crainte du désir

Nous rivant à ce que l'on ne peut atteindre ou à ce dont l'atteinte, parce qu'au fond insatisfaisante, débouchera immédiatement sur un autre désir, le désir est une source d'intranquillité pour l'âme et doit donc faire l'objet d'une thérapeutique qui en limite sur nous l'emprise.

Le désir du désir

Il nous est pourtant parfois infiniment agréable de désirer, comme le montre l'exemple d'Ulysse qui choisit d'éprouver son désir tout en s'interdisant de le satisfaire. Pour nous tenir parfois en esclavage, le désir est aussi ce qui atteste de la puissance de vie qui nous anime.

Le désir comme absolu

Le désir amoureux est d'ailleurs ce par quoi, dit Platon, il nous est donné de dépasser notre finitude et d'« *engendrer dans le beau* ».

L'existence et le temps

Si Dieu n'existe pas, il y a au moins un être chez qui l'existence précède l'essence, un être qui existe avant de pouvoir être défini par aucun concept et cet être c'est l'homme, ou, comme dit Heidegger, le dasein. Qu'est-ce que signifie ici que l'existence précède l'essence ? Cela signifie que l'homme existe d'abord, se rencontre, surgit dans le monde et qu'il se définit après. L'homme, tel que le conçoit l'existentialiste, s'il n'est pas définissable, c'est qu'il n'est d'abord rien.

Sartre, *L'Existentialisme est un humanisme*

L'existence est la subsistance dans le temps, la propriété de ce qui est, aussi longtemps qu'il est. Elle s'inscrit donc dans une temporalité, sauf à penser une existence éternelle et hors du temps, comme l'idée de Dieu seule nous l'évoque si nous sommes croyants. La philosophie pense les rapports de l'existence au temps par rapport à un troisième terme, l'essence. Soit on considère que l'essence précède l'existence et qu'elle s'y déploie dans le temps : la question est alors de savoir d'où viennent les essences, par définition hors du temps. Ont-elles été crées, comment et pourquoi ? On se pose donc la question de Dieu. Soit on considère que l'essence ne précède pas l'existence, mais qu'elle en résulte : elle ne prend son sens qu'au long du temps qui lui est imparti, entre sa naissance et sa fin. On se pose alors la question de l'homme et de ce que veut dire pour lui d'exister.

Dieu, la créature et l'existence

Pour la métaphysique, l'existence est l'un des attributs de l'être. Prise dans son sens minimal, elle signifie en effet la persévérance

dans le temps, ou comme le dit Aristote, *« la puissance mise en acte »*. Surdéterminée par le contexte chrétien, la réflexion philosophique sur l'existence aura tôt fait de l'assimiler à une perfection, celle dont le créateur dote sa créature. Dérivant du latin *existere*, l'existence signifie d'ailleurs « sortir de », « procéder ». Le créateur est, ses créatures existent, c'est-à-dire qu'elles ne sont que par lui.

Le questionnement philosophique sur l'existence va dès lors se ramifier en deux orientations majeures : comment la créature participe-t-elle de la perfection de son créateur et comment prouver l'existence de ce dernier, c'est-à-dire passer d'un usage logique de son concept (il y a forcément une cause à tant de perfection dans ce qui existe) à son usage réel ? Dans sa *Théodicée*, Leibniz déduit la nécessité de Dieu du principe de raison suffisante : *« Jamais rien n'arrive sans qu'il y ait une cause ou du moins une raison déterminante. »* La question *« Pourquoi y a-t-il quelque chose plutôt que rien ? »* ne pouvant trouver de réponse rationnelle connue, il faut imaginer une volonté parfaite et souveraine pour y répondre. Dieu étant posé comme *« la première raison des choses »,* il en découle que *« son entendement est la source des essences et sa volonté, l'origine des existences ».* Dieu a conçu tout ce qui était possible (les essences des choses), sa volonté a choisi d'inscrire dans l'existence ceux de ses possibles dont la combinaison a constitué notre monde tel qu'il existe.

« Décider de soi »

Le questionnement philosophique sur l'existence a donc longtemps été focalisé sur le problème de Dieu et de la preuve ontologique. S'il n'a jamais été trouvé de résolution satisfaisante, dit Kant, c'est parce que l'existence n'est pas un prédicat réel. Je ne dis rien en effet sur une chose lorsque je dis qu'elle existe. Et de fait, les supposées démonstrations de l'existence de Dieu consistent bien plutôt en autant de définitions de ce qu'il est, c'est-à-dire de propositions lui assignant un prédicat réel (la perfection, la causalité ultime, etc.).

Après Kant, l'humanisme porté par les Lumières aidant, la réflexion philosophique sur l'existence se concentrera sur son sens : que veut dire, pour l'homme, d'exister ? L'existence de l'homme, qui portait jusque-là les stigmates de son statut de créature divine, est désormais considérée comme son privilège, la marque de sa liberté. Exister, dit par exemple Kierkegaard, c'est avoir à *« décider de soi »*, avec tout ce que cela implique de responsabilité, voire d'angoisse. Mais cette charge qui nous incombe est en même temps la marque de notre humanité, c'est-à-dire de ce mode d'être qui nous appartient en propre où, pour reprendre les mots de Sartre, *« l'existence précède l'essence ».* Véritables démiurges de notre vie, nous naissons comme une page blanche dont il nous appartient d'écrire le texte : notre essence n'est autre que le sens que nous choisissons d'assigner à notre existence et qui la précède donc.

Existence et temporalité

Mais comment décider parmi l'infinie diversité de nos possibles ? Et comment assumer cette liberté absolue dont personne ne peut nous défausser, qui fait de chacune de nos actions autant d'émanations de celui ou de celle que nous avons choisi d'être ? La réponse d'Heidegger est que nous n'y arrivons pas toujours et que bien que nous sachions que cela est illusoire, il nous est bien souvent plus facile de nous réfugier dans des préoccupations supposées plus importantes. Mais que fuyons-nous au juste ? Si Sartre va jusqu'à dire de l'homme qu'il est *« condamné à être libre »*, c'est parce que cette liberté est aussi le pendant de notre finitude : la certitude de notre mort fait de notre existence un *« être-pour-la-mort »,* c'est-à-dire qu'il est conditionné et pétri par cette issue inéluctable.

C'est pourquoi l'analyse de l'existence humaine est indissociable, pour Heidegger, de la prise en compte de la temporalité qui nous est propre. Si le temps ne nous était pas compté, nous pourrions très bien repousser sans cesse l'urgence du « projet » qui nous définit. Heidegger trouve dans l'ennui l'un des paradigmes de notre rapport intime au temps, non pas au temps des horloges qui est le même pour tous, mais à celui qui nous est imparti en propre. Car jusque dans ses manifestations dépressives, l'ennui ne nous saisit pas à chaque fois qu'un événement indépendant de notre volonté nous « retarde ». Il arrive même que certaines attentes chargées d'espoirs et de promesses nous ravissent au point que nous voudrions les voir durer encore. Mais il est à l'opposé une forme d'ennui profond qui *« nous prend à la gorge »* lorsque l'écart entre l'insignifiance de ce qui nous occupe et la tâche que nous voudrions assigner à notre existence semble d'un coup s'abattre sur nos épaules.

À RETENIR

Dieu est, sa créature existe

L'existence désigne le fait de « procéder », de « sortir de ». N'existe donc que ce qui a été créé, c'est-à-dire que son essence précédait dans un projet divin. La philosophie a ainsi longtemps posé le problème de l'existence comme celui du mode d'être de la créature et des modalités de sa création par Dieu.

Le sens de l'existence

La conception moderne de l'existence a renversé cette prise de position : l'existence ne saurait se résoudre dans l'être, et c'est bien plutôt sa traversée qui permettra d'attester de son essence. Exister pour l'homme, cela veut dire sortir de soi-même et se poser comme projet, « décider de soi ».

L'existence dans le temps

L'existence ne se comprend donc qu'à l'aune d'une temporalité finie : elle est le temps qui m'est imparti en propre pour réaliser le projet dont j'ai décidé, avec la mort pour horizon incontournable, sans quoi il n'y aurait pas d'urgence et donc sans doute pas même de projet.

La mémoire et l'imagination

La formation du souvenir n'est jamais postérieure à celle de la perception : elle en est contemporaine. Au fur et à mesure que la perception se crée, son souvenir se profile à ses côtés. Mais la conscience ne l'aperçoit pas d'ordinaire, pas plus que notre œil ne verrait notre ombre s'il l'illuminait chaque fois qu'il se tourne vers elle. […] La conscience écartant ce souvenir inutile, la réflexion théorique le tient pour inexistant. Ainsi naît l'illusion que le souvenir succède à la perception.

Bergson, *L'Énergie spirituelle*

La mémoire et l'imagination font souvent figure de facultés trompeuses, défaillantes, moins fiables que la raison ou que la perception. Ces « puissances trompeuses » célèbrent pourtant les prouesses de notre esprit capable de rendre présent, dans l'intériorité des processus mentaux, ce qui est hors de sa portée à un moment donné : parce qu'il n'est plus dans le cas de la mémoire, parce qu'il n'est pas présent dans le cas de l'imagination. Dépourvues du rempart de la perception, il est de fait souvent difficile d'établir leur degré de vérité. Elles n'en sont pas moins la condition de toute connaissance, au même titre que la perception et l'entendement, dans la mesure où la connaissance suppose un retour réflexif sur l'expérience notamment, ou bien pour la création de nouvelles hypothèses. Nous verrons qu'elles sont aussi et surtout la condition de tout effort intellectuel qu'il soit de remémoration, d'apprentissage, de compréhension ou de création.

« Les folles du logis »

On pourrait bien les appeler toutes deux ainsi, même si Pascal employait l'expression pour l'imagination seule. La mémoire a moins mauvaise

presse parce qu'elle rend présent quelque chose qui a été, alors que l'objet que l'imagination nous présente comme image peut très bien ne pas exister. La mémoire qui cherche un souvenir précis peut se trouver en défaut (et avoir oublié), elle peut se tromper, confondre des dates ou des personnes, mais elle peut aussi atteindre parfaitement le souvenir cherché et nous rendre présent ce que nous désirions. L'imagination est au contraire dans l'erreur permanente : elle ne sera jamais l'image parfaite de ce qu'elle imagine, à l'exception peut-être des images inédites qu'elle crée – et nous verrons comment. L'oubli nous est du reste nécessaire, il est même requis pour les nécessités de l'action et de la vie en général. Sans lui la mémoire n'aurait pas d'efficacité et l'homme, incapable de se souvenir, serait sans cesse encombré par un trop-plein d'images. C'est un halo plus ou moins grand d'oubli qui éclaire la mémoire et lui permet d'être opérationnelle.

La mémoire stocke et restitue des images, de même que l'imagination en produit. Il y a au fond deux types d'imagination, chacune liée à un type d'image : l'imagination-reproduction, qui est une sorte de perception rétrécie constituée des traces nécessairement lapidaires laissées par un objet, et l'imagination-création, conçue comme un pouvoir de suggestion d'images libres et émancipées par rapport au réel, étrangères au lot des images offertes à la perception ordinaire.

Imagination et connaissance

La première forme d'imagination, que l'on a tendance à penser défaillante, est pourtant le prérequis de toute connaissance. « *On ne peut*

penser sans images », dit en effet Aristote dans *De l'âme*, car elles constituent l'intermédiaire nécessaire entre les sensations qui sont à l'origine de toute notre connaissance et les objets de la pensée, c'est-à-dire les concepts. Universels, ces derniers rassemblent dans l'unité de leur définition une multitude de sensations que l'on ne peut toutes éprouver en même temps. Il faut donc pour penser pouvoir se représenter en image ce que l'on ne peut sentir, c'est-à-dire qu'il faut non seulement se représenter les sensations laissées par les objets singuliers subsumés sous le concept, mais aussi parvenir à former une image mentale de ce qui les rassemble. L'image (*phantasma*) est la figuration synthétique qui résulte dans l'âme d'une multitude de sensations semblables. C'est le pouvoir d'imaginer qui permet à nos concepts d'être des moyens de connaissance et non de simples vues de l'esprit.
Kant radicalise cette conception : l'imagination est en fait moins la faculté de former des images que celle qui permet de former un procédé de construction susceptible de rendre sensible le contenu d'un concept en inscrivant celui-ci dans les conditions formelles de la sensibilité que sont l'espace et le temps. Soit le nombre 5 : je peux en former une image en traçant cinq points, mais cette figuration suppose elle-même le procédé général de construction des nombres par l'addition réitérée de l'unité à elle-même. Ce procédé est le schème du nombre.

L'effort intellectuel

Tout aussi requise que l'imagination pour connaître, la mémoire se trouve à la racine de tout effort intellectuel. Dans *L'Énergie spirituelle*, Bergson donne une définition de l'effort intellectuel comme le passage d'un plan de conscience à un autre. Prenons l'exemple de la mémoire : nous savons que la mémoire photographique peut s'éduquer jusqu'à devenir très performante. Lorsqu'on lui fait appel, elle restitue son savoir immédiatement et sans effort. Les choses se compliquent par exemple lorsqu'on cherche un souvenir en faisant défiler des images qui lui sont associées, comme lorsqu'on rencontre un commerçant de son quartier et qu'on ne sait plus ce qu'il vend. On peut alors faire mentalement la liste des commerces dont on est un habitué, mais il est rare qu'on le trouve ainsi rapidement. Voilà pour Bergson un exemple d'effort intellectuel qui requiert le passage d'un type de mémoire (les photographies que nous faisons défiler sans logique dans notre esprit) à un autre (la mémoire souvenir). La solution nous vient en général dès lors que l'on arrête de chercher : l'image du commerçant nous apparaît, plus ou moins longtemps après, dans le cadre habituel que nous lui connaissons.

La mémoire souvenir est celle qui nous permet d'apprendre. Dans l'apprentissage de la danse par exemple, les images dont nous allons nous servir ne sont pas des images visuelles arrêtées, mais elles se perfectionneront au cours de l'apprentissage, à mesure que nous acquérons les images motrices appropriées. Une représentation de ce genre est ce que Bergson appelle un *« schéma dynamique »* (que l'on peut rapprocher de ce que Kant appelle un schème), qui est aussi requis pour toute création, c'est-à-dire pour tout effort proprement imaginatif.

À RETENIR

D'imparfaites facultés

Mémoire et imagination ont en commun de rendre présent ce qui est absent, selon le temps dans le cas de la mémoire et selon l'espace pour l'imagination. On a tendance à prendre l'imagination pour une faculté trompeuse, bien plus que la mémoire, car s'il arrive à la mémoire de se tromper, elle est aussi capable d'atteindre parfaitement le souvenir cherché.

L'imagination permet de connaître

L'imagination n'en est pas moins le prérequis de toute connaissance, de toute pensée conceptuelle pour Aristote, et de toute pensée synthétique, c'est-à-dire à proprement parler *« connaissante »* pour Kant.

Le schéma dynamique

La mémoire et l'imagination sont même pour Bergson à la racine de tout effort intellectuel, qu'elles rendent toutes deux possibles grâce aux schémas dynamiques qu'elles produisent, bien plus que par les images stockées par la mémoire et produites par l'imagination.

Nature et culture

La grande différence entre les sociétés animales et les sociétés humaines est que, dans les premières, l'individu est gouverné exclusivement du dedans, par les instincts; tandis que les sociétés humaines présentent un phénomène nouveau, d'une nature spéciale, qui consiste en ce que certaines manières d'agir sont imposées ou du moins proposées du dehors à l'individu et se surajoutent à sa nature propre : tel est le caractère des « institutions », dont le langage est un exemple.

Émile Durkheim, *Textes, t. I*

S'il doit beaucoup aux apports des sciences sociales, et en particulier de l'ethnologie et de l'anthropologie, le débat sur les notions de nature et de culture comporte des enjeux philosophiques de première importance dans la mesure où c'est de la définition même de l'homme qu'il s'agit au final. Comment, notamment, faire la part de l'inné et de l'acquis dans ce que nous sommes ? Nature et culture s'opposent du double point de vue de l'universel et de l'acquis, du « culturel » au sens d'un ensemble de mœurs, de règles et de connaissances qui définissent une société, mais aussi, d'un point de vue normatif, sous l'angle de la différence entre un « état de nature » présumé originel et l'état « civilisé », « cultivé » qui en serait la destination nécessaire sous le présupposé que l'humanité serait guidée par un progrès continu et irrésistible.

Le bon sauvage et l'homme civilisé

La réflexion sur la culture s'est enracinée dans l'idéologie des Lumières et dans la formidable promotion de l'idée de progrès

dont elle fut porteuse : combattant l'irrationnel, l'arbitraire, l'obscurantisme et la superstition des siècles passés, l'homme « éclairé » était ainsi considéré comme susceptible d'exploiter pleinement les possibilités de sa raison.

Si l'importance politique, scientifique et culturelle du mouvement des Lumières est indubitable, il a largement contribué à ériger en norme un certain type de société, de croyances et de rapport au monde qui, rapporté aux cultures des sociétés découvertes au fil des explorations entreprises sur les continents lointains, a conduit à caractériser ces dernières comme « primitives ». L'idée de progrès est en effet solidaire de la possibilité de hiérarchiser les sociétés en fonction de leur degré d'avancement dans une histoire pensée comme un développement nécessaire et linéaire. Les préjugés avec lesquels la « mentalité primitive » est abordée (et notamment par Lévy-Bruhl, qui expliquait à l'envi son caractère « prélogique ») et la figure d'un « bon sauvage » naïf et puéril découlent naturellement de ce biais ethnocentrique.

Le monde civilisé regorge pourtant de croyances parfaitement irrationnelles, et le bon sauvage le trouverait sans doute au moins tout aussi absurde que l'homme civilité ne trouve le sien. Par ailleurs, le progrès n'a pas toujours induit, loin s'en faut, une marche linéaire vers le bien-être promis, que l'on pense à l'invention des armes de destruction massive, aux dégâts causés par l'homme sur la planète ou aux dilemmes bioéthiques auxquels il nous confronte. Au fond, comme le dit Lévi-Strauss, le barbare n'est-il pas d'abord l'homme qui croit à la barbarie ?

Le difficile partage entre nature et culture

Si l'idée de progrès est impuissante à définir la culture, si donc on admet avec les ethnologues qu'il n'y a pas « une » mais des cultures différentes et méritant toutes autant le nom de culture, comment caractériser celles-ci par rapport à la nature ? Il semble à première vue que la nature soit du côté de l'inné, donc de l'universel, de ce qu'on ne choisit pas : nous avons tous besoin de respirer, de manger, de dormir et de nous reproduire. Les travaux de l'ethnologie ont pourtant montré que même la manière de satisfaire ces exigences vitales pouvait varier à l'infini. Dans *Les Techniques du corps*, Marcel Mauss s'amuse ainsi de ce qu'il est possible de distinguer un enfant anglais d'un enfant français par sa seule position à table. Les travaux de Margaret Mead ont quant à eux prouvé que la distribution des traits masculins et féminins telle que nous la connaissons n'avait rien non plus d'universel. La tribu des Chambulis est ainsi présentée, dans *Mœurs et sexualité en Océanie*, comme une société matriarcale où les femmes, détentrices du pouvoir économique, travaillent et font la guerre pendant que les hommes se consacrent à des activités artistiques et à soigner leur apparence pour mieux plaire à leurs femmes.
Lévi-Strauss propose donc, à la suite de Durkheim, de définir la culture par référence à la règle : est culturel tout ce qui fait l'objet d'une norme conventionnelle, acceptée par tous et qui devient si habituelle que son caractère conventionnel n'est au fond révélé que lorsqu'on la compare à d'autres. Avançant sans doute la définition la plus pertinente que l'on puisse formuler de la culture, Lévi-Strauss va pourtant devoir la nuancer à la suite de ses recherches sur ce qu'il appelle lui-même le « scandale » de la prohibition de l'inceste dans *Les Structures élémentaires de la parenté*.

L'échange comme fondement de la culture ?

La prohibition de l'inceste semble en effet se comporter comme une règle transversale à toutes les cultures, universelle. Il s'agit bien d'une règle et non d'une réaction naturelle de dégoût envers ses parents (Freud a même montré dans ses développements sur le complexe d'Œdipe à quel point l'enfant pouvait au contraire être attiré par son

père ou sa mère), ou d'une adaptation aux risques génétiques liés à la consanguinité, puisque ceux-ci ne sont assez grands pour être observables empiriquement. Du reste, si la prohibition de l'inceste semble universelle, sa définition varie d'une culture à l'autre.
Pour comprendre l'interdiction de l'inceste, il faut, dit Lévi-Strauss, changer de perspective et regarder ce que la règle implique : ne pas avoir le droit d'épouser une femme de sa famille, c'est avoir l'obligation d'épouser une femme d'une autre famille. La prohibition de l'inceste a donc pour corollaire l'obligation d'échanger (les femmes !). Rejoignant les travaux de Mauss sur le don – qui a montré, à travers l'étude de la pratique du potlatch dans les îles du Pacifique, que l'institution de la triple obligation de donner, de recevoir et de rendre garantissait des rapports pacifiques entre tribus –, il fait de l'échange le véritable trait caractéristique de la culture.

À RETENIR

Culture et civilisation

L'ethnocentrisme consiste, pour l'ethnologue, à aborder l'étude d'une culture avec le biais inconscient que constitue la sienne. Héritière de l'idée de progrès promue par les Lumières, cette attitude confond « culture » et « civilisation » et aboutit à une profonde mécompréhension des cultures étudiées.

La règle comme fondatrice de la culture

À défaut d'une norme externe dont on voit bien les dangers, il semble plus juste d'étudier chaque culture à partir d'elle-même. Les ethnologues considèrent généralement l'adoption de règles, de normes conventionnelles, comme fondatrice de la culture.

L'échange

Mais la règle de la prohibition de l'inceste a conduit à un infléchissement de cette définition de la culture : conventionnelle et paradoxalement universelle, elle semble indiquer que la véritable constante de toute culture repose sur la circulation à l'intérieur du corps social. Il y aurait donc culture dès lors qu'il y a échange.

Le langage

Nous ne voyons pas les choses ; nous nous bornons, le plus souvent, à lire des étiquettes collées sur elles. Cette tendance, issue du besoin, s'est encore accentuée sous l'influence du langage, car les mots (à l'exception des noms propres) désignent des genres. Le mot, qui ne note de la chose que sa fonction la plus commune et son aspect banal, s'insinue entre la chose et nous et en masquerait presque la forme à nos yeux si elle ne se dissimulait pas déjà derrière les besoins qui ont créé le mot lui-même.

Bergson, *Le Rire*

Montaigne disait du langage qu'il ne compte pas et qu'il n'y a rien qui compte davantage. En effet, le langage est la condition de toute communication, de toute extériorisation, et la question se pose même de savoir si nous serions seulement capables de penser si nous n'étions doués de parole. Pourtant, nous ne posons que rarement la question du langage, la parole étant l'une des plus naturelles de nos facultés qui tient précisément son efficacité de ce qu'elle constitue une seconde nature. En la matière, la linguistique fournit à la philosophie l'appui précieux d'une étude du langage appréhendé à travers la diversité des langues et des textes. Mais pour ce faire, cette science écarte complètement la question du sens du langage et de son statut du point de vue de notre faculté de penser et de notre appréhension du réel, ce qui constitue le cœur du questionnement philosophique lorsqu'il prend le langage pour objet.

L'apport de la linguistique

La linguistique de Saussure définit le langage comme la faculté générale de s'exprimer au moyen de signes. Il caractérise toute forme

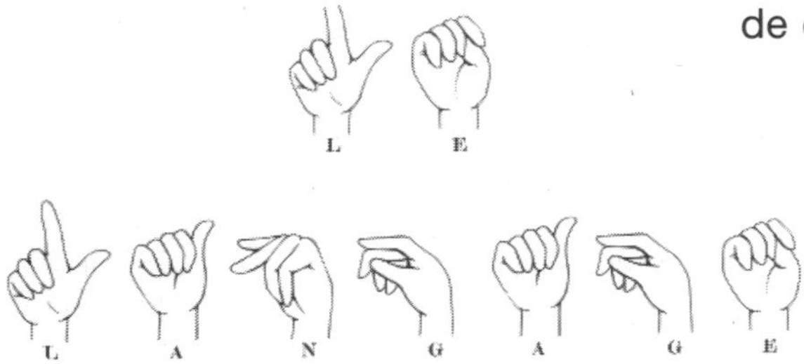

de communication humaine – le langage des signes employé par les sourds ou le morse notamment. Saussure trouve dans la langue l'un des cas particuliers du langage : un système de signes qui associe dans la phonation et l'écriture le rapport univoque d'un signifiant (le mot) avec son signifié (la chose à laquelle il renvoie). La langue se distingue par ailleurs de la parole en ce qu'elle renvoie à ce système de signes indépendamment de son usage concret, afin de n'en retenir que la dimension sociale, interindividuelle.

Le langage est un système clos de signes où chacun ne vaut que négativement, c'est-à-dire dans la mesure où il s'oppose à l'ensemble des autres signes : Saussure exclut par là l'hypothèse concurrente selon laquelle la signification des mots leur viendrait de leur ressemblance avec la chose qu'ils désignent, le référent. Le rapport entre le signifiant et son signifié est donc arbitraire ou immotivé : rien ne justifie a priori qu'en français par exemple, on associe le concept d'arbre à la suite de phonèmes [a-r-b-r] (le signifiant du signe « arbre »). De nature purement conventionnelle, les mots sont ainsi comme des étiquettes qui redoublent le réel auquel le système tient lieu de nomenclature.

Le langage et la pensée

À supposer que la linguistique dise vrai – et les difficultés redoutables que pose toute entreprise de traduction semblent montrer que ce n'est du reste probablement pas le cas –, il reste que la possibilité même d'une pensée abstraite semble solidaire de l'existence de ces simples étiquettes que sont les mots. Une idée ne peut en effet être véritablement générale que si elle s'abstrait des conditions, toujours particulières, de l'imagination et de la représentation sensible : ni l'image d'un arbre ni celle d'un triangle ne sauraient permettre d'en former les concepts qui ne peuvent être donnés que dans une définition abstraite

ou par l'ensemble des propositions qui permettent d'en comprendre la nature. « *Il faut donc énoncer des propositions* », explique Rousseau dans le *Discours sur l'origine et les fondements de l'inégalité parmi les hommes*, « *pour avoir des idées générales* ». Les noms communs sont ainsi la condition de la possibilité des concepts et, d'une certaine manière, de la pensée en général.
Une telle conception du langage pose immédiatement la question de son origine. En effet, si nous ne pouvons penser sans les mots, comment les avons-nous créés ? Comme le souligne Rousseau, on ne peut sans contradiction faire reposer la formation du langage sur un accord mutuel, puisque cet accord présupposerait déjà lui-même le langage. Mais le lien indéniable du langage à la pensée et sa sophistication rendent l'hypothèse selon laquelle il serait né des cris et des sons désarticulés que les premiers hommes devaient émettre – à l'image de ceux que nous observons chez les animaux – tout aussi improbable. S'il est vrai que l'exercice de la réflexion est tributaire du langage, il semble impossible de se représenter comment on a pu passer du nom propre, qui désigne l'objet sensible, au nom commun, qui n'a de réalité qu'intelligible.

Les critiques du langage

Nietzsche interprète ce passage du nom propre au nom commun comme le forçage dans l'emploi quotidien des métaphores qui fondent les noms communs : les objets sensibles provoquent en effet en nous des excitations nerveuses que les mots sédimentent. Ce faisant, ils fixent sous des appellations définitives des sensations uniques et éphémères dont le langage rabote la spécificité afin de les rendre communicables. Les mots entretiennent en cela un rapport métaphorique au réel qui a été privilégié au nom des intérêts pratiques de la communication, mais aux dépens de la singularité de chacun : loin de représenter le réel, ils le transfigurent et se rendent par là responsables de nombreuses erreurs, notamment métaphysiques. Le cogito cartésien (« Je pense, j'existe »), tel qu'il a consisté à poser l'existence du sujet pensant, est ainsi un simple produit de la « routine grammaticale ». En effet, ce n'est pas parce que dans une proposition tout verbe est rapporté à un sujet (le « je » en l'occurrence), que ce sujet existe en dehors de la proposition dans laquelle il figure. Le « je » n'a pour Nietzsche d'autre réalité qu'être le support d'une excitation nerveuse singulière et éphémère qui s'exprime dans le « je pense ».

La critique nietzschéenne du langage rejoint ici en partie les conclusions auxquelles aboutissent les philosophes qui sont à l'origine de ce que l'on appelle le « tournant linguistique » qu'a connu la philosophie au XXe siècle et qui se laisse résumer dans cette affirmation de Richard Rorty : « *Les problèmes philosophiques sont des problèmes que l'on peut résoudre (ou dissoudre) soit par une réforme du langage soit par une meilleure compréhension du langage que nous employons effectivement* » (*Le Tournant linguistique*).

À RETENIR

Saussure

Le langage est un système clos de signes, ceux-ci étant constitués de la réunion d'un signifiant (le signe graphique) et d'un signifié (la chose à laquelle le signifiant renvoie). Les signes sont arbitraires, c'est-à-dire qu'ils sont de pures conventions parfaitement indifférentes du point de vue de nos états mentaux.

Rousseau

Le langage est pourtant la condition de possibilité de toute pensée abstraite, et il semble même à ce point indissociable de la pensée qu'il serait vain de tenter de rendre raison de sa genèse.

Nietzsche

Nietzsche montre quant à lui qu'en fixant sur des significations rigides des impressions éphémères et singulières, le langage opère un travestissement de notre rapport aux choses afin de privilégier ce que nous avons en commun aux dépens de ce qui nous singularise.

L'art

Immanquablement un homme [l'artiste] surgit alors, l'un de nous, en tous points notre semblable, mais doué d'une mystérieuse puissance de « vision ». Il voit et montre la route. Il voudra parfois se débarrasser de ce don, qui, souvent, lui pèse comme une croix. Il ne le pourra pas. Malgré le mépris et la haine, il traîne à sa suite sur le chemin encombré, vers le haut, vers l'avant, le lourd chariot de l'Humanité.

Kandinsky, *Du spirituel dans l'art et dans la peinture en particulier*

La question que l'art adresse à la philosophie est celle de sa définition : en marge de la science du beau que l'esthétique se propose de fonder, le questionnement philosophique trouve en effet dans l'art l'un de ses objets les plus redoutables. Comment subsumer sous un concept la diversité des formes artistiques sans être déjà rentré dans la démarche solidaire d'un jugement de goût ? Des goûts et des couleurs, dit-on, on ne discute pas. Kant remarque pourtant à quel point la prétention à l'universalité du moindre de nos jugements de goût, et notre incompréhension têtue à l'endroit de qui ne les partage pas, dément ce dicton populaire. Il y voit l'indice que quelque chose dans l'art doit s'adresser à notre entendement, pour que nous puissions penser d'une impression sensible de beauté qu'elle est en droit de prétendre à l'universalité. Comment penser l'universalité du jugement de goût tout en rendant raison de la spécificité de l'art ?

De la beauté dans l'art

Si discuter du beau semble impossible – quoi de plus évident en effet que le constat de la grande disparité, d'un individu à l'autre, sur ce qui sera jugé « beau » –, et s'il est par conséquent impossible de produire un

concept adéquat du beau susceptible de caractériser l'art, peut-être faut-il chercher ce critère distinctif moins du côté de l'œuvre que du côté de l'artiste. Autrement dit, envisager l'œuvre du point de vue de sa production, indépendamment de laquelle le produit fini ne peut être compris. Marcel Duchamp l'a montré avec ses ready made : n'importe quoi peut devenir de l'art à condition que l'artiste le décide et que le public joue le jeu – un urinoir, un porte-bouteille, une roue de vélo, etc. On pourrait ajouter : à condition que l'artiste sache pourquoi il le décide et que l'œuvre manifeste ce choix. Envisagé de ce point de vue, l'art n'aurait au fond plus rien à voir avec le beau, sauf à considérer ce dernier comme l'adéquation de la forme avec une vérité pressentie par l'artiste : c'est en ce sens que le beau est chez Platon le moyen d'accéder au vrai et au bien en soi.

Un jugement universel sans concept

Mais comment surmonter, dès lors, ce que Kant identifie comme une *« antinomie du jugement de goût »* comme l'opposition de deux thèses l'une et l'autre irréfutables : *« le jugement de goût ne se fonde pas sur des concepts ; car sinon, il serait possible d'en disputer » / « le jugement de goût se fonde sur des concepts ; car sinon, il ne serait même pas possible, malgré la diversité qu'il présente en lui, d'en jamais discuter (de prétendre à l'assentiment nécessaire d'autrui à ce jugement) »* ? Dans la *Critique de la faculté de juger*, Kant fait valoir que le génie de l'artiste reproduit à son insu le mode d'organisation qui est à l'œuvre dans la nature. Ce qui apparaît à notre sensibilité se donne ainsi à elle comme si cette harmonie (ou cette finalité) interne des parties qui

caractérise l'objet beau avait été le produit d'un projet d'intégration ou d'agencement de la diversité sensible sous une forme intelligible. Et cela ne peut être qu'à son insu, car notre entendement fini ne peut comprendre, et donc a fortiori ne peut reproduire le mode de fonctionnement d'un être organisé. Du point de vue de sa réception, l'œuvre provoque chez son spectateur le libre jeu des deux facultés qu'elle convoque : la sensibilité, puisque l'œuvre est perçue par les sens, et l'entendement qui butte devant quelque chose qu'il pressent comme chargé de sens sans pouvoir s'en saisir.
Le jugement de goût est donc un jugement « universel » et « sans concept » : bien que je ne puisse en rendre compte rationnellement, j'ai l'intuition tenace que ce que je trouve beau, c'est-à-dire ce qui entraîne le libre jeu de mes facultés, produira chez quiconque le même ébranlement. C'est sur la base de cet effet, qui ne peut pas ne pas se produire en nous au contact d'une œuvre d'art, que Kant fonde l'existence d'un sens commun qui, par-delà la diversité des jugements de goût particuliers, inscrit ses différences sur la base d'un sens partagé de l'émotion artistique.

Du spirituel dans l'art

Quelles sont les conséquences d'une telle conception du jugement de goût sur la production de l'œuvre par l'artiste ? Cette manière qu'a l'art de reproduire l'idée de finalité, d'agencement des parties en vue de l'organisation du tout, implique que l'artiste soit visionnaire d'une forme de nécessité. L'un des plus illustres peintres de notre temps, Wassily Kandinsky, explique dans un livre lumineux, *Du spirituel dans l'art*, ce que cette vision signifie pour lui : une forme de langage suprême qui se substitue aux mots impuissants. Il y a pour Kandinsky une voie artistique de la connaissance – et celle-ci est guidée par l'esprit – qui débouche sur une amélioration individuelle et collective. L'artiste est celui qui, maniant le langage des formes et des couleurs dans le cas de la peinture, et produisant une œuvre en suivant le « principe de nécessité intérieure », fournit à son époque le pain spirituel qui lui permettra d'accoucher de demain. Kandinsky se représente l'époque comme un triangle à la pointe duquel, tourné vers le futur et indiquant sa direction, se trouverait l'artiste.

Fondateur de l'abstraction en peinture, celle-ci s'imposa à Kandinsky lorsque ne reconnaissant pas tout de suite l'un de ses propres tableaux disposé à l'envers, il fut saisi par l'effet qu'il provoqua chez lui : il comprit alors que le principe de nécessité intérieure pourrait apparaître d'autant plus fortement que ses tableaux ne représenteraient rien de connu, autrement dit que le langage de l'art serait souverain et n'imiterait rien. Dans une perspective kantienne, on pourrait dire qu'il comprit que le jugement porté sur une œuvre serait d'autant plus universel qu'il en appellerait clairement et fortement à l'entendement. Il est paradoxal de constater que l'art abstrait divise pourtant le public bien plus qu'il ne le réunit !

À RETENIR

Le beau comme adéquation

La beauté dans l'art ne tient pas aux seuls canons esthétiques : elle est le résultat d'une adéquation de la forme de l'œuvre au principe de nécessité intérieure qui a présidé à sa création.

Le jugement de goût

Lorsque nous trouvons une œuvre belle, nous émettons, dit Kant, un jugement qui se veut universel – nous pensons que quiconque à notre place se rangerait à notre avis – et sans concept, parce que l'intégration de ses parties dans le tout que forme l'œuvre obéit à un principe d'organisation qui met en branle notre faculté de connaître sans que nous puissions le connaître vraiment.

La vocation spirituelle de l'art

Un exemple de ce principe d'organisation qui dans l'œuvre sollicite notre faculté de connaître est donné par la nécessité intérieure qui se trouve actualisée dans l'œuvre d'art, et dont Kandinsky pense qu'elle est porteuse d'une vérité spirituelle qui, entrevue par l'artiste, constitue sa mission.

L'art peut-il tout dire ?

« Cette morale stigmatise la littérature réaliste, non pas parce qu'elle peint les passions : la haine, la vengeance, l'amour; le monde ne vit que là-dessus, et l'art doit les peindre; mais quand elle les peint sans frein, sans mesure. L'art sans règle n'est plus l'art; c'est comme une femme qui quitterait tout vêtement. Imposer à l'art l'unique règle de la décence publique, ce n'est pas l'asservir, mais l'honorer. On ne grandit qu'avec une règle. Voilà, messieurs, les principes que nous professons. »

Ernest Pinard, *Réquisitoire au procès de Gustave Flaubert,* 1857

Présenter des corps humains découpés en tranches à la scie électrique et conservés selon une technique dite de « plastination » est-ce de l'art ? C'est de cette manière que Gunther von Hagens, l'inventeur du procédé, a légitimé l'exposition *Our Body*, qui s'est tenue à Paris dans une galerie privée au début de l'année 2009. Cela correspondait-il à une démarche artistique ou n'y avait-il derrière cette mise en scène macabre qu'une volonté de créer la polémique ? Face au succès de l'exposition, la réponse de la justice ne s'est pas faite attendre : jugeant qu'elle portait atteinte à la dignité de ces hommes et que l'on ne connaissait pas l'origine des corps, probablement des condamnés à mort chinois, la cours d'appel de Paris l'a interdite avant son terme. Un cas limite pour la liberté de création, subordonnée ici au respect de la dignité humaine. Cette intervention judiciaire relève-t-elle pour autant de la censure ? Elle réaffirme du moins que l'art demeure toujours un sujet hautement sensible.
L'expression artistique ne cesse d'interroger ceux à qui elle s'adresse. Elle choque, questionne, suscite l'assentiment ou la réprobation, car

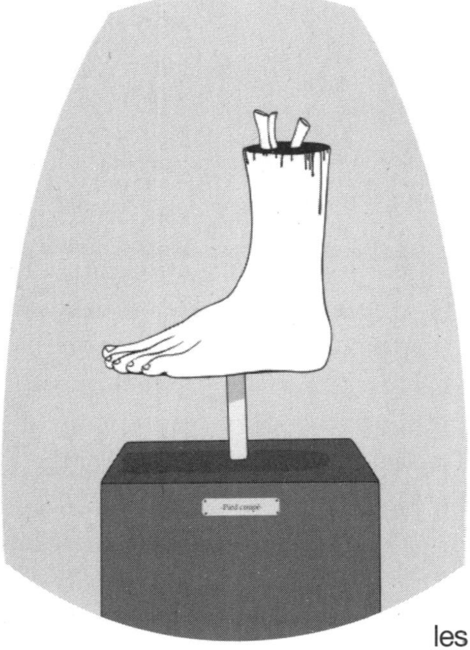

elle est en prise directe avec la réalité d'une époque. L'œuvre, qu'elle soit visuelle, musicale, théâtrale... cristallise les tensions culturelles, idéologiques, identitaires qui parcourent une société à un moment donné, leur donne forme. Pour cette raison, l'art n'en finit pas de déranger. L'œuvre d'art aurait-elle comme fonction de bousculer l'ordre établi ? Si tel était le cas, les représentants de l'ordre, qu'il soit public, moral ou esthétique, pourraient la condamner au motif qu'elle sèmerait le trouble. Or la lutte est sans merci entre ceux qui clament le respect des bonnes mœurs au nom de la morale ou d'une croyance, et les autres qui crient à la censure en invoquant la liberté d'expression de l'artiste. Dernier épisode en date de ces frictions : les représentations, perturbées par des groupuscules d'extrême droite, de la pièce *Golgota Picnic* de Rodrigo Garcia au Théâtre du Rond-Point en décembre 2011. Le pouvoir d'expression de l'artiste serait-il soumis à l'approbation d'une quelconque autorité ?

Des pratiques sous contrôle

La volonté de l'État de conserver un droit de regard sur ce qui est proposé au public en matière de création artistique ne date pas d'hier. Chez Platon, le soupçon pèse sur les poètes et les musiciens. Par la variété de leurs mélodies, ces derniers sont autant capables d'aiguiser l'âme du citoyen que de l'amollir. Aussi, dans l'édification de la cité idéale, un tri s'impose : « *Quelles sont donc les harmonies plaintives ? Dis-le moi puisque tu es musicien. Ce sont, répondit-il, la lydienne mixte, la lydienne aiguë et quelques autres semblables. Par conséquent ces harmonies-là sont à retrancher, n'est-ce pas ? Car elles sont inutiles aux femmes honnêtes, et à plus forte raison aux hommes.* » (*La République*) Ainsi Platon veut absolument faire correspondre les productions artistiques à son idéal du beau et du bon : « *Ne faut-il pas, au contraire, rechercher les artisans heureusement doués pour suivre à la trace la nature du beau et du gracieux, afin que nos jeunes gens, pareils aux habitants d'une saine contrée, profitent de tout ce qui les entoure.* » (*La République*) Platon reconnaît le pouvoir de suggestion de l'expression artistique, notamment sur les jeunes. La condition pour que les artistes aient leur place dans la cité est de promouvoir la vertu.

Les censeurs sont des esthètes

L'expression des artistes n'est en soi limitée que par la maîtrise qu'ils ont de leur propre médium artistique. Toute limitation extérieure peut, de ce point de vue, être ramenée à la manifestation d'un arbitraire lié à une conception momentanée de ce qui est acceptable ou non. Le primat de l'idéologie sur l'art peut donner lieu à toutes les dérives. En témoigne la tristement célèbre exposition d'« art dégénéré » organisée par le régime nazi à Munich de juin à novembre 1937. Sept cents œuvres étaient présentées. Parmi les artistes ainsi montrés du doigt au peuple allemand, tout le fleuron des avant-gardes du début du XXe siècle : Picasso, Chagall, Kandinsky, Klee, Munch… Le fait qu'Hitler soit un peintre raté n'est pas innocent. Les œuvres mises à l'index le sont parce que leurs choix formels, esthétiques, leurs thèmes contredisent la vision froide, réaliste et ordonnée qu'entendent imposer les nazis en matière de création artistique. Les œuvres exposées comme « dégénérées » sont donc paradoxalement prises pour ce qu'elles sont par ceux qui les censurent : les chefs-d'œuvre d'une modernité bouillonnante, affranchie de toutes contraintes autres que celles imposées par la pratique artistique elle-même, et qu'un régime dictatorial essaye vainement de contenir.

Le pouvoir de l'art

Derrière les freins posés à l'expression artistique, se pose la question de l'autonomie de l'art et, plus avant, de sa capacité d'action sur le réel. Theodor Adorno a bien perçu le pouvoir critique de l'œuvre d'art : « *Par l'affront fait aux besoins dominants, par le changement d'éclairage des choses familières qu'elles ont tendance à effectuer, les œuvres d'art correspondent au besoin objectif d'une modification de la conscience pouvant se charger en une modification de la réalité.* » (*Théorie esthétique*) L'art est profondément négation, affranchissement vis-à-vis des normes dominantes. Lors du procès intenté à Gustave Flaubert après la parution en feuilleton de son roman *Madame Bovary*, le procureur Ernest Pinard s'est employé à dénoncer la portée subversive du roman : il y voit une légitimation de l'adultère, un mauvais exemple qui mettrait en péril les mœurs et les normes sociales de l'époque. En réaction, c'est, nous dit Adorno, le propre des conservateurs que de tenter de « *rapporter l'art à des invariants qui, ouvertement ou implicitement forgés sur des modèles passés, servent à la diffamation de ce qui est présent et à venir* » (*L'Art et les arts*). Mais par le seul fait que l'œuvre existe, les censeurs ont toujours un coup de retard.

À RETENIR

Contrôler les artistes

Le pouvoir politique s'est largement méfié des artistes par le passé. Parce que l'art a un pouvoir d'expression difficilement maîtrisable, Platon voulait exclure certaines musiques et certaines formes de poésie de sa Cité idéale.

Condamner c'est apprécier

Paradoxalement, ceux qui censurent les artistes comprennent leurs œuvres, à l'image du procureur accusant Flaubert. En effet, ce n'est qu'à partir d'une lecture assidue que l'on peut détecter le caractère subversif d'une œuvre.

L'art change le monde

La pratique artistique a le pouvoir de proposer une lecture alternative de la réalité et d'imaginer de nouvelles formes de vie. Cette capacité d'innovation dérange et inquiète les conservateurs de tous bords dont la réaction automatique est de faire appel à la censure.

Le travail et la technique

On peut distinguer les hommes des animaux par la conscience, par la religion et par tout ce que l'on voudra. Eux-mêmes commencent à se distinguer des animaux dès qu'ils commencent à produire leurs moyens d'existence, pas en avant qui est la conséquence même de leur organisation corporelle. En produisant leurs moyens d'existence, les hommes produisent leur vie matérielle elle-même.

Marx, *L'Idéologie allemande*

Le travail s'inscrit dans l'ordre de la nécessité : il nous faut travailler pour vivre, pour gagner notre vie et pour produire les biens dont nous avons collectivement besoin. S'il n'est pas d'abord célébré comme un devoir moral, le travail est souvent présenté comme une dimension essentielle, constitutive de la représentation que nous nous faisons de l'homme. Il est en effet ce par quoi nous prenons place dans la société, ce qui nous définit : il constitue notre contribution et garantit notre inscription dans un effort commun. Conditionné par la technique et ses évolutions, le travail s'inscrit aussi dans une certaine forme de rapport au monde. De nombreuses critiques modernes, qui trouvent aujourd'hui écho dans l'éventail des préoccupations écologiques, ont ainsi mis en évidence les dangers de certains usages de la technique vis-à-vis du travail autant que de l'environnement.

Le travail, propre de l'homme ou aliénation ?

Infligé à Adam comme une punition divine, le travail était déjà considéré par les Grecs comme une aliénation de l'homme au

règne du besoin, c'est-à-dire à ce qu'il partage avec les animaux. Cette position, que l'on retrouve ensuite chez Nietzsche, va se marginaliser au moment de la révolution industrielle, qui célébrera au contraire la valeur du travail comme essence de l'homme. Le progrès technique aidant, le travail est en effet de moins en moins pénible, tandis que l'enrichissement des sociétés le rend moins ingrat et que les droits du travailleur progressent : il devient une source d'épanouissement pour un travailleur soumis à des contraintes qui vont en s'allégeant.

Hegel avait déjà montré, dans la dialectique du maître et de l'esclave, le retournement du rapport de force opéré par l'esclave à la faveur de la reconnaissance et de la réalisation trouvées dans son travail : en contemplant ses œuvres, l'esclave comprend ce dont il est capable et sa conscience s'affirme jusqu'à terrasser celle de son maître, qui voit la sienne se dissoudre dans l'oisiveté que sa condition lui rend possible.

Dans *Le Malaise dans la culture*, Freud montre que le travail peut jouer le rôle attribué par Voltaire à la culture *« de notre jardin »* dans *Candide* : contrairement à ce que pensaient les Grecs, il suppose en effet que l'homme se détache de l'ordre des besoins et des pulsions pour en consacrer l'énergie (Freud parle de « sublimation ») à des activités qui lui permettront de s'exprimer sous des formes utiles ou culturelles. Freud note aussi que le travail est ce par quoi nous prenons place dans la réalité, et notamment ce qui garantit plus que toute autre activité notre inscription dans le maillage social.

La technique comme source de progrès

Indissociable des exigences liées à l'accroissement de la productivité du travail, l'évolution des techniques est déjà en elle-même une manifestation du progrès dont l'homme sait se rendre capable, avec pour horizon le fol espoir cartésien de nous rendre « *comme maîtres et possesseurs de la nature* » (*Discours de la méthode*), et comme moyen terme le développement et l'exploitation optimale de nos capacités.
L'anthropologie et la paléontologie ont d'ailleurs montré le lien entre l'évolution technique et la phylogenèse, c'est-à-dire le développement de l'espèce humaine. Pour Leroi-Gourhan notamment, la technique est un processus d'extériorisation progressive des facultés corporelles et cognitives de l'homme : « *La main à l'origine était une pince à tenir les cailloux, le triomphe de l'homme a été d'en faire la servante de plus en plus habile de ses pensées de fabricant* », montre-t-il dans *Le Geste et la parole*.
Le programme cartésien est donc peut-être bien réalisable, puisque suppléant les forces humaines, la technique semble susceptible de retourner la soumission de l'homme à la puissance de la nature en son contraire : par son travail et les techniques qu'il développe, l'homme se l'approprie sous la forme de l'outil et la fait travailler pour son compte. Travail et technique alimenteraient ainsi un cercle vertueux débouchant sur une exploitation toujours plus poussée des facultés humaines et des ressources naturelles.

Les critiques modernes du travail et de la technique

Les évolutions réelles du travail et des techniques démentent pourtant en partie ce constat angélique. La division et l'automatisation du travail ont par exemple débouché dans l'industrie sur l'attribution aux ouvriers de tâches répétitives certes peu pénibles mais effectuées à un rythme inhumain, provoquant de graves pathologies. Marx a ainsi montré que si elle augmente la production, la division du travail permet surtout l'exploitation du travailleur, et finalement son aliénation. Avec l'apparition de la machine-outil, la place du travailleur dans le processus de production s'est dégradée de telle manière qu'il ne voit plus le produit fini de son activité et n'est plus qu'un rouage intermédiaire d'une machine devenue tentaculaire, d'un « monstre mécanique » comme Marx l'écrit dans *Le Capital*.

L'évolution des techniques a par ailleurs pour corollaire un rapport complètement biaisé à la nature. Alors qu'elles visaient au départ à détourner ses forces pour les utiliser à des fins proprement humaines, pour produire plus vite ou avec moins d'efforts, elles ont débouché sur le déclenchement de nouvelles réactions naturelles, comme l'utilisation du nucléaire à des fins de destruction massive. Comme le montre Hannah Arendt l'homme « fait la nature », et la retourne contre lui. Lorsque la logique de la technique est poussée à l'extrême, elle engage un rapport à la nature qui n'est plus de « production », comme l'était celui du paysan cultivant son champ, dit Heidegger, mais de « provocation ». La montée des préoccupations écologiques montre qu'un tel questionnement de la technique n'était pas dénué de tout fondement.

À RETENIR

Le travail comme essence de l'homme

Loin d'en faire un mal nécessaire, le regard moderne sur le travail en fait le dépositaire d'une dimension essentielle de notre humanité : nous nous détachons par lui de nos pulsions improductives et par la reconnaissance que ses œuvres rend possible, par l'inscription dans le corps social qu'il nous garantit, il participe de notre liberté.

La technique comme son triomphe

L'évolution des techniques qui soutiennent le travail atteste pour sa part de la capacité proprement humaine de nous rendre comme *« maîtres et possesseurs de la nature »* (Descartes).

Critiques du travail et de la technique

Les évolutions récentes de la technique conduisent pourtant à nuancer ce constat : les transformations du travail et la mainmise croissante de l'homme sur la nature menacent en effet s'il n'y prend garde de retourner travail et technique contre l'homme lui-même.

La religion

Dieu n'est pas un objet de la philosophie. Ce que l'on découvre à l'aide du concept de Dieu, c'est une idole, qui n'a philosophiquement que la signification de faire voir quelle idée de l'être est directrice. La philosophie, lorsqu'elle se comprend elle-même correctement, est sans Dieu. […] Si Dieu est, il ne se laisse qu'aussi peu que possible découvrir par la philosophie. Il ne peut se découvrir que s'il se révèle lui-même. Mais la philosophie n'a pas le moindre organe pour entendre une révélation.

Heidegger, *Histoire de la philosophie de saint Thomas à Kant*

La religion, explique Émile Durkheim dans *Les formes élémentaires de la vie religieuse*, *« est un système de croyances et de pratiques relatives à des choses sacrées, c'est-à-dire séparées, interdites, croyances et pratiques qui unissent en une même communauté morale, appelée Église, tous ceux qui y adhèrent ».* Lorsqu'il aborde le phénomène religieux, le questionnement philosophique se ramifie ainsi en une interrogation sur le sens du fait religieux comme fait humain – la religion envisagée du point de vue de la communauté des croyants, de l'Église – et en une enquête sur ce que la raison peut dire de l'existence de Dieu – la signification et le statut de ces choses *« sacrées et séparées »* qui font l'objet de la foi. Mais la spécificité de la foi n'empêche-t-elle pas toute tentative de compréhension rationnelle de son phénomène ? Et comment en interpréter le sens actuel, après la prophétie nietzschéenne de la « mort de Dieu » ?

L'impossible concept de Dieu

Lorsqu'ils abordent la question de Dieu, les philosophes considèrent la religion naturelle, qui concerne tous les hommes dans leur capacité

à interroger le divin, et non telle ou telle religion révélée qui caractérise une communauté de foi particulière. Car si certains d'entre eux se sont également attelés à la compréhension d'une religion singulière, c'est d'abord un concept général et unifiant de Dieu que les philosophes recherchent. Mais comment produire un concept de ce dont il n'y a ni expérience ni intuition ?

La première étape semble être de montrer que ce concept existe. C'est pourquoi les philosophes ont produit autant de tentatives de démonstration de l'existence de Dieu, gageant qu'une fois celle-ci établie, il serait possible d'en déduire le concept. Elles se résument ainsi :

– La preuve ontologique : Dieu est un être parfait, or l'existence est une perfection, donc Dieu existe.

– La preuve cosmologique : il existe une cause ultime ou cause première qui n'est causée par rien et que l'on peut appeler Dieu.

– La preuve téléologique : il existe de l'ordre dans la nature, or la matière ne produit pas spontanément de l'ordre, donc la cause de l'ordre de la nature est intentionnelle.

Mais chacune de ces preuves de l'existence de Dieu ne se révèle, à l'examen, que la construction déguisée du concept de Dieu : comme perfection dans la preuve ontologique, comme cause première dans la preuve cosmologique et comme volonté dans la preuve téléologique. C'est en ce sens que Heidegger estime que la philosophie, en guise de concept de Dieu, ne produit que des idoles, c'est-à-dire autant d'images qu'elle se fait de la grandeur ou de la perfection du divin.

Croire ou savoir ?

Si la philosophie est impuissante à se saisir du phénomène divin, c'est parce que celui-ci se voit dénaturé dès lors qu'on le considère du point de vue de la raison. La religion se caractérise par un mode de pensée et de représentation fondé sur la croyance et non sur le savoir. C'est en ce sens qu'il faut comprendre la fameuse formule de Kant dans la *Critique de la raison pure* selon laquelle *« j'ai dû mettre de côté le savoir afin de laisser place à la croyance »* : certaines choses, comme le montrera Pascal dans sa distinction entre la raison et le cœur, ne peuvent être connues que par la foi.

Voulant convaincre les libertins de croire en Dieu, c'est à leur raison, puisque leur cœur ne leur est d'aucun secours sans la lumière de la foi, que Pascal en appelle dans le célèbre argument du pari : *« Pesons le gain et la perte, en prenant croix que Dieu est. Estimons ces deux cas : si vous gagnez, vous gagnez tout; si vous perdez, vous ne perdez rien. Gagez donc qu'il est, sans hésiter »* (*Pensées*). Il reste que la raison et son « esprit géométrique » se trouvent parfois confrontés à de l'indéfinissable et à de l'indémontrable, relevant de principes premiers que seul le cœur ou « esprit de finesse », grâce à l'amour de Dieu qui l'anime, peut saisir de façon instantanée et immédiate.

Dans *Crainte et Tremblement*, Kierkegaard va plus loin et montre que la foi s'oppose parfois frontalement à notre raison, qu'elle semble mettre au défi : du point de vue éthique, Abraham levant la main sur Isaac s'apprête à commettre un meurtre alors que du point de vue religieux, il s'agit d'un sacrifice. La foi est ainsi une expérience de grande solitude, qui peut prendre la forme d'une croyance dans la « vertu de l'absurde ».

« Dieu est mort »

Sommes-nous toujours capables d'une croyance qui impose à notre raison une telle humilité ? Dans *Le Désenchantement du monde* (1985), Marcel Gauchet montre que le christianisme est la *« religion de la sortie de la religion »* : celui-ci s'est tellement transformé pour s'intégrer aux exigences d'un univers démocratique que l'on peut se demander s'il est encore une religion à proprement parler. Pour Gauchet en effet, la spécificité d'une religion tient dans l'hétéronomie qu'elle impose au croyant, c'est-à-dire dans une forme de *« rejet par l'homme de sa propre prise transformatrice sur le monde »*. En se faisant homme, le Dieu des chrétiens a rendu possible une relation directe et personnelle avec Dieu, relation qui ménage au croyant la possibilité d'une interprétation et donc d'un passage de l'hétéronomie à l'autonomie, et de ce fait, comme l'explique Gauchet dans *La Religion dans la démocratie*, à *« la sortie d'un monde où la religion est structurante, où elle commande la forme politique des sociétés et définit l'économie du lien social ».* C'est là du reste le double sens de la prophétie nietzschéenne selon laquelle *« Dieu est mort »* : au fait observable de la disparition de Dieu dans notre culture, et de ce que la religion est devenue une expérience privée qui ne fonctionne plus comme le principe structurant de la totalité de l'existence personnelle et collective, s'ajoute le triomphe des valeurs « supérieures », celles du surhomme qui crée les siennes propres, par opposition au faible qui les reçoit, par exemple, de la religion.

À RETENIR

Les preuves de l'existence de Dieu

S'attelant à la question de Dieu, la philosophie a produit trois grands types de preuves de son existence : la preuve ontologique qui en fait une conséquence de sa perfection, la preuve cosmologique qui en fait la cause dernière et nécessaire, et la preuve téléologique qui déduit de l'observation d'un ordre dans la nature l'existence d'une volonté suprême qui y préside.

L'irréductibilité de la foi à la raison

Parce qu'elle s'appuie sur la raison et non sur la foi par laquelle Dieu peut seulement se révéler, la philosophie est incapable de produire le concept de Dieu : elle ne forge que des idoles, qui ne sont que le reflet de ce qu'elle voudrait voir en lui.

Une société sans Dieu ?

La mort de Dieu annoncée par Nietzsche semble se concrétiser dans les sociétés démocratiques, qui vivent leur foi sur le mode « désenchanté » de la « sortie de la religion », où celle-ci est affaire de convictions personnelles et non plus le ciment du lien social.

L'histoire

Nous attendons de l'histoire l'objectivité qui lui convient. [...] L'objectivité ici doit être prise en son sens épistémologique strict : est objectif ce que la pensée méthodique a élaboré, mis en ordre, compris et ce qu'elle peut ainsi faire comprendre. Cela est vrai des sciences physiques, des sciences biologiques ; cela est vrai aussi de l'histoire. Nous attendons par conséquent de l'histoire qu'elle fasse accéder le passé des sociétés humaines à cette dignité de l'objectivité.

Ricœur, *Histoire et Vérité*

L'histoire désigne aussi bien l'ensemble des faits passés que leur récollection dans un récit à prétention scientifique. En tant que discipline, elle peut varier à l'infini en fonction du point de vue que l'on adopte, au point que l'historien qui choisit un sujet d'étude tel que « les villes italiennes au XVIe siècle » ou « les droites en France dans l'entre-deux-guerres » « fabrique » l'histoire au moins autant qu'elle ne s'offre à lui. « Acteurs », « personnages », les mots employés pour désigner les figures historiques montrent d'ailleurs qu'il s'agit d'une mise en scène. La catégorie du vrai est-elle seulement pertinente lorsqu'il s'agit du passé, lorsque des faits qu'analyse une science ne sont plus disponibles que sous forme de traces et d'indices ? Nous verrons que l'histoire, qui suppose un rapport au temps singulier et historiquement daté, est une science unique en son genre, qui plus que toute autre requiert prudence et réflexivité de la part de l'historien.

L'histoire, un concept historiquement daté

On s'accorde généralement à dire que l'histoire comme connaissance des événements passés est née avec Hérodote, au Ve siècle avant

Jésus-Christ. Dans ses *Histoires*, il entend en effet rapporter les faits et gestes des hommes afin de les transmettre à la postérité. Sa volonté d'établir les causes des événements en décrivant les mœurs et les institutions sanctionne la rupture qu'il accomplit par rapport aux usages du mythe et de la légende. Dans *La Guerre du Péloponnèse*, Thucydide précise la méthode historique : il s'agit, en sélectionnant ses sources et en les recoupant, de parvenir à rendre les faits intelligibles. Il montre ainsi que l'une des causes de la guerre fut l'ascension et la grandeur croissante d'Athènes qui donna aux Spartiates des craintes pour leur propre position.

Cette prétention à l'objectivité des faits est pour Aristote parfaitement illusoire, puisque si la science est bien comme il le pense science de l'universel, une discipline dont les objets sont des événements singuliers ne saurait se constituer comme telle. Mais c'est au fond la démarche historique elle-même qui est fondamentalement contre-nature pour la majorité des Grecs, qui voient dans le déroulement de l'histoire l'accomplissement d'un destin qui se répète inlassablement, qu'il prenne la forme de *« l'éternel retour du même »* chez les stoïciens ou celui d'une conception cyclique du temps chez Aristote.

Le christianisme marque de ce point de vue un tournant : l'Ancien Testament décrit l'histoire du peuple juif depuis son commencement, la Création, jusqu'à sa fin, le Jugement dernier, et impose de fait une conception linéaire du cours du temps. Dans *La Cité de Dieu*, saint Augustin explique ainsi que *« la Providence conduit l'histoire de l'humanité depuis Adam jusqu'à la fin de l'histoire, comme s'il ne s'agissait que de l'histoire d'un seul individu qui passerait petit à petit de l'enfance à la vieillesse ».*

L'histoire est-elle une science ?

Le fait que l'histoire telle que nous la connaissons trouve son point de départ dans la pensée chrétienne en montre toute la dangerosité : en faisant croire une histoire, il devient possible d'infléchir les modes de pensée, les valeurs communes et finalement la marche des événements. L'histoire est fondée sur un paradoxe. Conçue comme cyclique, elle se dissout dans le mythe et la légende, puisque seules comptent les causes de l'éternel retour du même, celles-ci précédent donc logiquement l'histoire. Mais conçue comme linéaire, elle ne peut prétendre au rang de science au même titre que la physique ou les mathématiques, puisque les événements passés n'étant pas voués à se reproduire, elle ne pourra établir de loi universelle.

À ce paradoxe s'ajoutent trois difficultés : l'histoire doit se construire d'objets, isoler des périodes ou des thèmes qu'elle va examiner. Elle ne vient pas, comme la plupart des sciences, rendre raison d'un fait : elle construit d'abord un problème de toutes pièces. Cela rejoint d'ailleurs la deuxième difficulté, qui porte sur le fait que l'historien est lui-même dans l'histoire, que ses travaux s'inscrivent dans le cadre d'une certaine culture, d'une manière de voir les choses historiquement datée. Pour reprendre la belle expression d'Hegel, il est *« le fils de son époque »* et cela conditionne son regard bien plus que celui de tout autre scientifique. À cela s'ajoute enfin que les objets dont il traite impliquent des personnes, des subjectivités, sur les intentions desquelles il lui sera possible de faire un certain nombre d'hypothèses interprétatives, mais qu'il ne pourra jamais être certain d'avoir percées.

« Notre héritage n'est précédé d'aucun testament »

De bien des points de vue, l'histoire apparaît donc plutôt comme une enquête (c'est d'ailleurs le sens que lui assigne son étymologie, historia) que comme une science susceptible de produire des énoncés indubitables. Il reste que la recherche de sa connaissance, si imparfaite et inachevée fût-elle, n'est pas simplement une possibilité que nous pouvons choisir de ne pas explorer : au-delà du devoir de mémoire, qui suffirait déjà à la légitimer, elle s'impose comme une nécessité tant il est vrai que les enjeux sur le sens et le déroulement de l'histoire sont politiquement cruciaux.

Comme le dit René Char dans ses *Feuillets d'Hypnos*, *« notre héritage n'est précédé d'aucun testament »*, et c'est à nous de lui assigner un sens. Nous ne sommes sans doute capables de le faire que dans une démarche qui relève plus de la *« compréhension »* que de l' *« explication »*, pour reprendre les catégories de Dilthey, et cela fait de l'histoire une science tout à fait unique en son genre, mais nous serions sans elle des peuples sans passé, manipulables à l'envi et dépourvus de toute identité. De ce point de vue, l'histoire est une authentique appropriation, elle est porteuse d'un sens qu'elle crée dans les limites salutaires de l'objectivité qui doit demeurer sa fin sans doute inatteignable.

À RETENIR

L'histoire a une histoire

L'idée d'un temps linéaire situé entre une origine et une destination a été imposée par l'Ancien Testament. L'histoire était jusque-là perçue comme cyclique et son récit prenait plus volontiers forme dans des légendes ou des mythes que sous la forme historique que nous lui connaissons, promue par Hérodote au Ve siècle avant Jésus-Christ.

Une scientificité douteuse

Tout concourt à faire de l'histoire une science imparfaite : elle s'intéresse à des faits et ne peut donc produire de lois universelles applicables comme telles ; elle travaille sur un matériau incomplet, qui prend la forme de traces et dont l'authenticité doit parfois être établie ; elle est enfin le fait de la subjectivité de l'historien, s'appliquant de surcroît à celle des personnages historiques.

Le sens du passé

On ne peut donc que douter de l'histoire, mais on ne peut que continuer d'en faire : l'appropriation de notre passé et de son sens constitue un enjeu dont ne nous pouvons nous déprendre.

La métaphysique

Nous savons de quoi nous parlons en disant « homme » ou « cheval », mais de quoi parlons-nous en disant « être », un « étant », ou l'« essence », c'est-à-dire la condition de ce qui est en tant même qu'il est ? […] La métaphysique se pose un problème auquel nulle autre discipline ne s'intéresse et elle part d'une hypothèse qu'elle seule peut confirmer ou infirmer. Il s'agit pour elle de savoir si la langue vulgaire, prise dans sa spontanéité la plus naïve, est ou non connaissance du réel.

Étienne Gilson, *L'Être et l'Essence*

Les successeurs d'Aristote regroupèrent une partie des textes situés juste après sa *Physique* et traitant de la « *philosophie première* » sous le nom de « métaphysique ». La « reine des sciences » attestait ainsi dès l'origine de sa définition problématique : elle est à la fois la science des principes, la philosophie première, autrement dit le préalable de toute connaissance ; mais dans les faits, elle se reconnaît bien plus facilement à ce qu'elle n'est pas.

« Après la physique », elle est la science de ce dont il n'y a pas d'expérience, elle est la science de l'immatériel, de l'intelligible pur. Mais elle est aussi, son statut à part en témoignera au long de son histoire, la science de l'inclassable, qui ne se réduit ni ne se compare à aucune autre. Nous tenterons de montrer le départ aristotélicien du questionnement métaphysique, avant d'exposer l'une de ses critiques les plus vives et d'achever ce bref cheminement par quelques éléments sur la pensée heideggérienne de la métaphysique.

La science de l'être en tant qu'être

« *Il y a,* dit Aristote, *une science qui étudie l'être en tant qu'être et ses attributs essentiels.* » L'être en tant qu'être peut se comprendre comme le plus petit dénominateur commun de tout ce qui existe, de tout ce dont je peux dire que « c'est ». Mais lorsque je dis que « la rose est blanche », le sens d'« être » est-il le même que lorsque je dis simplement que « la rose est » ? On voit donc déjà que l'être en tant qu'être peut s'entendre de plusieurs manières : il a des attributs, dont la détermination est le véritable problème de la métaphysique. L'existence et la prédication sont les plus évidents : « la rose est » veut dire qu'elle existe, alors que dans « la rose est blanche », le « est » est une simple copule, c'est-à-dire le mot qui relie un prédicat (blanche) à un sujet (la rose). Mais lorsque je dis par exemple que « l'actuel roi de France est chauve », quel est le statut du « est » ? A-t-il moins de valeur parce que nous n'avons plus de roi ? On voit à tout le moins que l'être peut aussi se dire de ce qui n'est pas – du roi de France, d'une licorne ou du cercle carré. Mais il se dit aussi selon des modalités radicalement différentes : dire que le roi de France est chauve ou dire qu'il est un homme relève de deux régimes dans l'emploi d'« être ». Tandis que la première affirmation est accidentelle (le roi de France n'en serait pas moins roi s'il n'était pas chauve, et du reste il est certainement bien d'autres choses que chauve), la deuxième est essentielle parce qu'elle attribue à son sujet un prédicat d'un genre très particulier qu'Aristote appelle « un propre ». «Homme » n'est pas une partie du sujet « roi », comme la blancheur l'était de la rose, Il en est inséparable, constitutif, tant il en dit quelque chose d'essentiel.

La critique de la métaphysique

Les problèmes métaphysiques ouvrent ainsi sur un champ infini d'interrogations, à commencer par celles qui portent sur l'usage que nous faisons du langage et sur le statut de ce que nous disons. Ils ont également donné lieu à des querelles interminables, dont la plupart ne sont pas tranchées, comme celle que l'on appelle « des universaux » : lorsque je dis que « la rose est blanche », comment définir cette propriété universelle qu'est la blancheur et comment comprendre son mode de participation à l'être de la rose ? Elle ne peut y être entièrement, car d'autres choses que la rose sont blanches ; elle n'y est pas non plus essentiellement, puisqu'il y a des roses rouges par exemple.

S'il semble aussi difficile de trancher les problèmes métaphysiques, c'est peut-être, dit Kant, qu'il convient au préalable de s'assurer que nous en sommes seulement capables. Toute connaissance, dit-il, doit ainsi avoir un objet que l'expérience et notre faculté de connaître constituent de concert. Or les « objets » de la métaphysique, l'âme, Dieu et le monde pris comme totalité, n'étant pas susceptibles d'être appréhendés par mes sens, sont de purs produits de ma raison. « Des pensées sans contenu [étant] vides », ce ne sont pas même des concepts, mais de simples idées de ma raison qui ne peuvent jouer de rôle constitutif en matière de connaissance. Elles n'ont qu'un rôle régulateur, c'est-à-dire qu'elles orientent la pensée sans jamais lui permettre d'atteindre son but. La métaphysique, dont Kant disait que son destin était d'en être amoureux, est en ce sens une illusion inévitable : nous ne pouvons pas ne pas penser l'âme, le monde et Dieu, mais nous ne pouvons pas les connaître.

L'analytique du dasein

La fin de non-recevoir assignée par Kant à la métaphysique est-elle rédhibitoire ? Il est vrai que cette discipline a perdu la position centrale que lui assignait par exemple Descartes, qui représentait la philosophie comme un arbre dont les racines étaient métaphysiques. Heidegger parle même d'un véritable « oubli » de la question de l'être depuis les Grecs.

Or nous avons, dit Heidegger, une réelle disposition au questionnement métaphysique : d'une part, comme Kant le notait déjà pour sa part, nous ne pouvons rester indifférents face au questionnement métaphysique, de plus nous nous situons toujours, ajoute Heidegger, dans une certaine « compréhension de l'être ». Ne pouvant laisser les questions métaphysiques dans l'indétermination, nous y apportons des réponses qui, pour être provisoires, n'en démontrent pas moins que nous ne pouvons rester indifférents à la question de l'être. Heidegger tire de ce constat la certitude d'une sorte de privilège métaphysique de l'homme qui est en même temps son fardeau : en lui la question de l'être a été déposée comme une tâche infinie, et c'est donc tout naturellement, comme du reste y invitait déjà Kant (bien qu'avec des conséquences radicalement différentes), que la métaphysique doit commencer pour Heidegger par une analytique de notre propre rapport à l'être et au monde qui nous entoure. *Être et Temps*, l'œuvre majeure d'Heidegger, est consacrée à une telle étude du mode d'être de l'homme, le dasein.

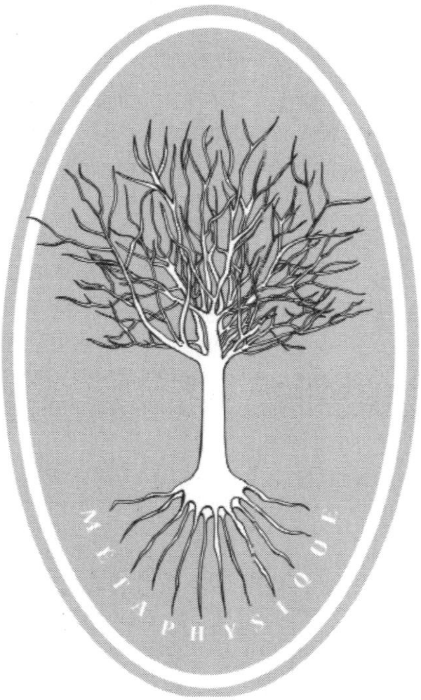

À RETENIR

La question de l'être

La métaphysique, définie par Aristote comme *« la science qui étudie l'être en tant qu'être et ses attributs essentiels »,* déploie les conséquences logiques des différents usages du verbe « être », de la simple copule à l'être en tant que tel.

L'incompétence métaphysique de la raison

Mais sommes-nous seulement capables de connaissances métaphysiques, demande Kant ? Portant sur des objets qui, à défaut de pouvoir être expérimentés, sont de pures constructions de ma raison, il est normal que les questions métaphysiques semblent s'embourber dans l'irrésolution.

Le privilège métaphysique de l'homme

Il est pourtant dans la nature humaine de ne pouvoir cesser de se poser des questions métaphysiques. Sur ce point, Kant n'est pas démenti par Heidegger, qui y voit l'indice que le questionnement métaphysique doit être recentré sur le dasein, cet être pour lequel *« en son être, il y va de l'être même »*.

Théorie et expérience

La philosophie est écrite dans ce vaste livre qui constamment se tient ouvert devant nos yeux (je veux dire l'Univers), et on ne peut le comprendre si d'abord on n'apprend pas à connaître la langue et les caractères dans lesquels il est écrit. Or il est écrit en langue mathématique, et ses caractères sont les triangles, les cercles et autres figures géométriques, sans lesquelles il est humainement impossible d'en comprendre un seul mot, sans lesquelles on erre vraiment dans un labyrinthe obscur.

Galilée, *L'Essayeur*

Comment la science parvient-elle à produire des théories abstraites de ce qui ne nous est accessible que par les sens ? La connaissance est-elle autre chose qu'une modélisation du réel qui en produirait, comme l'art, la simple copie dans un système de signes ? Et qu'en est-il, alors, du statut des mathématiques, dont l'expérience est impossible, dont la théorie continue d'évoluer, et qui constituent le métalangage de toute théorie ? De l'invention ou de la découverte, quel est le mode de production des vérités scientifiques ? La question de la prévalence, dans la connaissance, de la théorie ou de l'expérience, ouvre un champ immense de questionnement pour la philosophie, dont l'une des articulations possibles est l'opposition de l'empirisme, pour lequel toute connaissance est issue de l'expérience, et du rationalisme qui pense que c'est de la raison qu'est issue l'expérience. L'alternative kantienne – le synthétique – semble proposer la solution la plus proche de la démarche scientifique.

Rationalisme et empirisme

Sommes-nous certains que le soleil se lèvera demain ? Pour Hume, rien n'est moins sûr, ou du moins, explique-t-il dans l'*Enquête sur l'entendement humain* : « *Une proposition comme celle-ci : le soleil ne se lèvera pas demain, n'est pas moins intelligible et n'implique pas davantage contradiction que cette autre affirmation : il se lèvera.* » Hume considère qu'en dehors des vérités mathématiques, la raison n'est capable de produire aucune théorie dont elle soit certaine. Par exemple, pourquoi la nature obéirait-elle au principe de causalité ? De l'observation que le soleil se lève tous les matins nous déduisons qu'il se lèvera demain, mais cette opération est pure conjecture dans la mesure où la proposition selon laquelle il ne se lèverait pas n'implique pas de contradiction. C'est bien pourquoi, dans l'*Essai sur l'entendement humain*, Locke compare l'âme à une « *table rase, vide de tous caractères, sans aucune idée quelle qu'elle soit* » : toute connaissance de ce qui est sensible est acquise par l'expérience et se fonde sur elle seule.

L'hypothèse rationaliste au contraire, situe dans la raison seule – dans les savoirs innés et les principes qui y sont imprimés – la possibilité de toute connaissance. Pour Descartes, le bon sens est ainsi « *la chose du monde la mieux partagée* », et nous sommes tous pourvus d'un entendement doté d'idées innées et capables d'en percevoir l'évidence dès lors que nous suivons les règles de la méthode « *pour la direction de l'esprit* ». L'expérience fait ainsi l'objet d'un profond discrédit : lorsque j'approche un morceau de cire d'une flamme, l'image que je me fais de la cire, ses effets sur mes sens changent sensiblement à mesure qu'elle fond. Je ne peux donc me fier au sensible, que je ne peux connaître que parce que ma raison met de l'ordre dans la diversité de mes perceptions.

La synthèse kantienne

La solution kantienne telle qu'elle est exposée dans la *Critique de la raison pure* se fonde sur la distinction entre les jugements analytiques, sortes de définitions qui consistent à attribuer à un sujet un prédicat qui se trouve dans son concept même – un triangle est une forme géométrique qui possède trois angles – et les jugements synthétiques qui énoncent des vérités nouvelles – la somme des angles d'un triangle est égale à 180°.

Pour que de tels jugements soient possibles, il faut que, dans la proposition « A (la somme des angles d'un triangle) est B (égale à 180°) », B puisse être tiré analytiquement de A. Les géomètres n'ont pu découvrir la somme des angles d'un triangle qu'en les mesurant avant de les additionner : tout jugement synthétique, et l'élargissement de notre connaissance avec lui, ne peut se faire à partir des seuls concepts et sans « l'autre souche de la connaissance humaine » que constitue la sensibilité. Le jugement synthétique requiert donc non seulement l'entendement et ses concepts ou catégories, mais tout autant la perception d'existences particulières telles que des intuitions nous en sont données par la sensibilité. Les deux souches de la connaissance sont ainsi nécessaires – « des pensées sans contenus sont vides »; « des intuitions sans concepts sont aveugles » – à la production des jugements synthétiques par lesquels il est donné à l'entendement d'exercer sa faculté de connaître.

Le tableau périodique des éléments chimiques

Le tableau périodique des éléments de Mendeleïev donne un exemple fascinant de la synthèse d'un savoir expérimental et du travail minutieux de l'entendement d'un scientifique qui, élaborant une construction formelle de ce qu'il a observé, va proposer une classification des éléments chimiques susceptible de rendre raison non seulement des éléments connus, mais également de ceux qui ne seront découverts que des années plus tard.

Dans un tableau de huit colonnes comportant quasiment toujours elles aussi huit éléments – sauf la première, qui ne contient que l'hydrogène – Mendeleïev classe les atomes par ordre croissant en fonction de leur « période », c'est-à-dire de leur masse. À partir de cette ébauche, et ne disposant que de la moitié environ des éléments qui en constitueront l'architecture, il parvient à énoncer la loi périodique qui suit : *« Les propriétés des corps simples sont une fonction périodique de la grandeur du poids atomique. »* Il a ainsi découvert que les colonnes, qui regroupent des éléments dont les masses diffèrent pourtant fortement, forment des familles d'éléments doués des mêmes propriétés chimiques : les alcalins, les halogènes, etc. Parmi les nouveaux venus, certains rempliront les cases laissées vides tandis que d'autres – les gaz rares comme l'hélium, le néon et l'argon – formeront une nouvelle colonne. À partir de données sensibles incomplètes, Mendeleïev a ainsi découvert le principe de la sériation des éléments chimiques et il en a produit une classification qui est employée telle quelle aujourd'hui encore.

À RETENIR

L'empirisme

Les empiristes pensent que toute connaissance dérive de l'expérience et que tout ce dont la raison est capable est acquis. Elle n'est à l'origine qu'une « table rase », et le principe de causalité dont l'habitude finit par nous convaincre qu'il est valable a priori n'est rien d'autre que l'expérience répétée de la conjonction de deux facteurs.

Le rationalisme

L'hypothèse rationaliste considère au contraire que toute connaissance s'enracine dans la raison pourvue de principes et d'idées innées qui en éclairent la démarche et lui permettent de déjouer les illusions dont le sensible est porteur.

Le synthétique

Pour Kant enfin, *« si toute connaissance commence avec l'expérience, elle ne dérive pas toute de l'expérience »* : les catégories de notre entendement doivent être remplies par une intuition sensible pour qu'un jugement synthétique soit possible.

La démonstration

Une proposition nécessaire est celle dont le contraire implique contradiction; telle est toute proposition identique ou dérivée résoluble en identiques, et elles sont les vérités qu'on appelle nécessités métaphysiques ou géométriques. En effet, démontrer n'est pas autre chose que résoudre les termes d'une proposition et substituer au terme défini sa définition ou une de ses parties pour dégager une sorte d'équation.

Leibniz, *Monadologie*

La démonstration est un enchaînement rigoureux d'énoncés qui permet d'établir une vérité de manière déductive. Elle se distingue du syllogisme dont on peut considérer qu'elle partage la définition, à condition de préciser que la nature de leur résultat diffère radicalement. De nature purement logique, le syllogisme (comme « tous les hommes sont mortels, Socrate est un homme, donc Socrate est mortel ») n'est que le développement correct du contenu de ses prémisses quand la démonstration « ajoute » quelque chose : alors qu'il suffit d'apprendre un syllogisme pour le comprendre, il faut pour être sûrs de connaître une démonstration être en mesure reparcourir soi-même le chemin qui de ses postulats mène à « ce qu'il fallait démontrer ». Considérée comme l'un des paradigmes fondamentaux de la connaissance, la démonstration n'en a pas moins ses limites dont la prise en compte ne peut que nous inviter à nuancer notre confiance inébranlable en la science.

La démonstration, paradigme de la connaissance

Le premier problème que pose la démonstration au philosophe est celui de la relation entre nos raisonnements et la vérité qu'ils sont

susceptibles ou non de nous permettre d'établir. La démonstration est en effet un processus de validation objective, c'est-à-dire de justification d'une hypothèse à partir d'un raisonnement.

Étymologiquement, la démonstration est un discours qui montre. La nature purement logique de la démonstration exige que ce qui est montré ne soit ni un fait, ni un événement perceptible par les sens. Cherchant à établir la vérité par les seules forces de la raison, elle n'emprunte rien à l'expérience. « *Même s'il était possible de percevoir que le triangle a ses angles égaux à deux endroits,* explique Aristote dans les *Seconds Analytiques, nous en chercherions encore une démonstration, et nous n'en aurions pas (comme certains le prétendent) une connaissance scientifique : car la sensation porte nécessairement sur l'individuel, tandis que la science consiste dans la connaissance universelle.* »

La démonstration se trouve donc d'emblée dans un cercle : s'il ne lui faut qu'employer les forces de la raison et n'avoir aucun rapport au sensible, d'où les principes premiers seront-ils eux-mêmes déduits ? Toute démonstration est en effet une chaîne d'énoncés. Certains d'entre eux ainsi produits seront ensuite les premiers énoncés de nouvelles démonstrations, mais sur quoi reposent les premières ? Sur une faculté rationnelle, l'intuition qui produit l'évidence chez Descartes ; sur l'esprit de finesse, animé par le cœur et non par la raison pour Pascal ; et sur ce que les scientifiques nomment modestement des « hypothèses », « axiomes » ou « postulats », autrement dit tout ce qu'il est nécessaire de postuler pour affirmer la thèse (on parle donc de démonstration « hypothético-déductive »). Si la démonstration est le paradigme de la connaissance, on voit là pourtant son immense faiblesse.

Les limites de la démonstration

Dans les années 1930, le théorème de Gödel est venu donner la démonstration de la nécessité de l'axiome, c'est-à-dire d'une proposition indémontrée et indémontrable qui s'impose à l'esprit par son évidence (telle que *« deux quantités égales à une même troisième sont égales entre elles »*). La systématisation définitive des systèmes hypothético-déductifs est rigoureusement impossible, Gödel ayant en effet démontré :

– qu'une arithmétique non-contradictoire ne peut constituer un système complet et comporte nécessairement des énoncés indécidables, qu'il se peut qu'en certains cas il soit possible de démontrer une chose et son contraire (« théorème d'inconsistance »).

– qu'il existe des vérités mathématiques impossibles à démontrer à l'intérieur d'un système (« théorème d'incomplétude »).

La géométrie euclidienne, par exemple, qui se fonde sur le postulat selon lequel *« par un point donné, on peut mener une et une seule parallèle à une droite donnée »*, a été profondément ébranlée par les géométries de Riemann et de Lobatchevski, qui ont postulé que l'on ne pouvait en mener aucune dans la géométrie du premier et une infinité dans celle du second. La suite de leurs travaux a montré dans un cas comme dans l'autre que des géométries construites et fécondes en éclairages inédits pouvaient être fondées par des postulats différents de ceux d'Euclide : la géométrie des espaces courbes était née, ne réduisant pas à néant, loin s'en faut, les acquis de la géométrie euclidienne, mais invitant à changer notre point de vue sur leur caractère d'évidence.

Une remise en cause des mathématiques ?

Pour tenter de dépasser ce constat pour le moins dérangeant, une solution consiste à se tourner vers les mathématiques. Bien que, depuis Galilée, nous postulions volontiers que *« l'Univers est écrit en langue mathématique, et* [que] *ses caractères sont les triangles, les cercles et autres figures géométriques, sans lesquelles il est humainement impossible d'en comprendre un seul mot »* (*L'Essayeur*), peut-être nous faut-il faire un usage différent des mathématiques, ou tout simplement nous résoudre à l'évidence que la correspondance entre un langage créé par l'homme et les phénomènes naturels ne peut être parfaite ? Le mathématicien Paul Dirac fait ainsi de l'esthétique mathématique un véritable principe méthodologique, l'élégance d'une équation demeurant le meilleur gage – et peut-être le seul – de son exactitude. Dès lors qu'une équation est belle, la question de son adéquation à l'expérience n'est plus que de seconde importance. Nous voilà retombés dans le cercle de la démonstration : pour être vraie, elle doit être belle. Il faut donc définir la beauté, ce qui, explique Paul Dirac, est impossible si vous n'êtes pas mathématicien, et parfaitement superflu si vous l'êtes. On pourrait adapter pour Dirac la boutade de Leibniz à Descartes dont il dit qu' *« il a logé la vérité à l'hostellerie de l'évidence mais* [qu'] *il a oublié de nous en donner l'adresse »* !

À RETENIR

Définition de la démonstration

La démonstration est un enchaînement rigoureux d'énoncés qui permet d'établir la vérité d'un nouvel énoncé dont le contenu n'était pas d'abord connu, et cela par les seules forces de la raison.

Le problème de l'indémontrable

Mais ce qui fait sa force fait aussi sa plus grande faiblesse car s'ils ne viennent pas de l'expérience, d'où viendront les premiers principes susceptibles de fonder les premières démonstrations ? Ils devront faire l'objet d'hypothèses, de postulats. Les théorèmes d'inconsistance et d'incomplétude de Gödel en ont d'ailleurs apporté la démonstration formelle.

Les limites de la raison

Quelle est la faculté qui permet de trouver les axiomes et les postulats, que l'on ne peut démontrer tant ils sont évidents ? L'intuition chez Aristote, le cœur chez Pascal, un mystérieux sens esthétique chez Dirac : célébrant les prouesses de la raison, la démonstration montre en même temps ce qui la met en défaut.

L'espace et le temps

L'union mathématique de l'espace et du temps a tout contre elle : notre imagination, notre vie sensorielle, nos représentations ; nous ne vivons le temps qu'en oubliant l'espace, nous ne comprenons l'espace qu'en suspendant le cours du temps. Mais l'espace-temps a son algèbre. Il est donc le phénomène mathématique essentiel. […] La vitesse de la lumière apporte une déclaration de réalité à la soudure algébrique de l'espace et du temps. Mais elle ne travaille géométriquement qu'en se géométrisant.

Bachelard, *La Valeur inductive de la relativité*

L'espace et le temps sont-ils en nous ou dans les choses ? L'écoulement du temps, l'étendue de l'espace nous semblent aller de soi tant ils font partie de notre expérience quotidienne et intime. Le temps des horloges et la grandeur du mètre sont des données objectives et fiables sur lesquelles reposent non seulement le déroulement et l'organisation de nos vies, mais encore les sciences qui mesurent, relèvent, situent les phénomènes. Nous tenterons pourtant ici de montrer que leur définition, loin d'aller d'elle-même, pose grandement problème non seulement du point de vue des sciences, mais aussi de celui de notre expérience quotidienne. Formes a priori de notre sensibilité, l'espace et le temps sont en effet notre mode de rapport spontané aux phénomènes. Quelles sont de ce point de vue les conséquences de la découverte par les sciences d'espaces non-euclidiens ?

Galilée, Newton, Einstein

Du monde clos à l'univers infini : le titre de ce bel ouvrage d'Alexandre Koyré caractérise parfaitement la révolution opérée par Galilée, qui

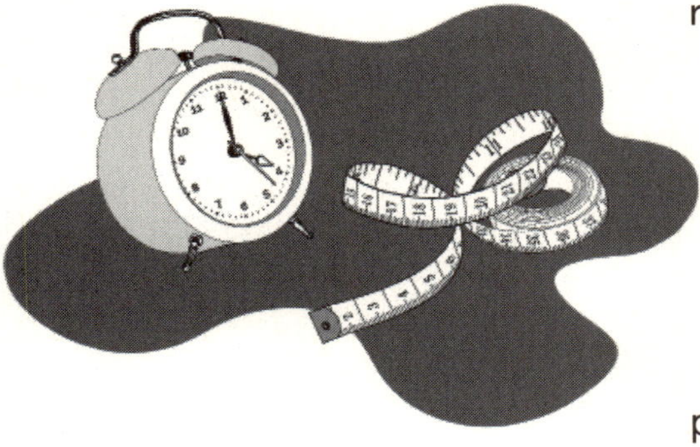

rejette la conception héritée d'Aristote d'un monde fini et fermé dans lequel les corps ne suivaient d'autres mouvements que « naturels », pour lui substituer celle d'un univers infini, ouvert et parcouru de forces. Il est en cela le promoteur de l'espace tel que nous le concevons aujourd'hui comme une intuition évidente, alors qu'il fallu des années pour que ses idées soient enfin acceptées. Auparavant pensé comme qualitatif, marqué par les repères que constituaient les lieux naturels des corps terrestres et célestes, l'espace est pour la physique moderne inauguré par Galilée mathématique, continu, infini, tridimensionnel, homogène (tous ses points sont identiques entre eux) et isotrope (toutes les droites qui passent par un même point sont identiques entre elles).

Les théories de Newton sont ensuite venues préciser cette première définition de l'espace : il existe un espace absolu, indépendant des mouvements et de l'écoulement du temps qui *« sans relation à rien d'extérieur demeure toujours le même »* (*Les principes mathématiques de la philosophie naturelle*), et une infinité d'espaces relatifs qui correspondent à autant de référentiels disséminés dans l'espace absolu. Le mouvement des papillons enfermés dans la cale d'un navire voyageant de Venise à Alexandrie est nul par rapport au référentiel que constitue le navire, mais leur mouvement est à peu près le même que celui du navire dès lors que l'on considère leur mouvement dans l'espace absolu.

L'apport génial d'Einstein consistera à montrer que la relativité newtonienne repose en définitive sur la prise en compte du temps : la lumière, en effet, présente la caractéristique d'avoir une vitesse constante (de 300 000 km/s) quel que soit le référentiel choisi. La variable de temps, si elle constitue la quatrième dimension à laquelle on réfère tout événement, permet de se passer de l'espace absolu puisque la constante c de la vitesse de la lumière rend possible la conversion des distances en intervalles de temps.

Les formes a priori de l'intuition

« Une découverte nouvelle sur la structure de l'espace et du temps entraîne toujours une réaction sur la structure de notre esprit. » Ces mots de Bachelard, tirés de *L'Expérience de l'espace dans la physique contemporaine*, pourraient très bien qualifier la théorie kantienne de l'espace et du temps dans leur rapport à la géométrie euclidienne. L'espace et le temps sont en effet pour Kant dans notre esprit : ni concepts (qui réunissent *« les éléments divers d'une intuition donnée »*, *Critique de la raison pure*) ni intuitions empiriques (qui se rapportent à leur objet, le phénomène, par le moyen de la sensation), ils sont des intuitions pures, c'est-à-dire les conditions a priori de toute intuition sensible. Je ne peux en effet percevoir quelque chose en dehors de l'espace ou en dehors du temps. Je peux sans doute l'imaginer au moyen d'une idée de ma raison (et je ferais alors de la métaphysique), mais jamais je ne pourrai le sentir.
L'espace et le temps sont les formes a priori de notre sensibilité, c'est-à-dire qu'ils n'ont d'une part pas d'existence en dehors du sujet percevant (il n'y a pas plus pour Kant que pour Einstein un espace et un temps qui existeraient comme en dehors de nous) et d'autre part qu'ils ne sont que la condition de la manifestation des phénomènes à notre esprit, et non la condition de possibilité des choses en soi telles qu'elles existent indépendamment du sujet qui les perçoit.

Des espaces, des temps ?

Mais l'espace auquel Kant se réfère implicitement (tant cela est évident) est l'espace euclidien, dont les travaux de la géométrie ont montré qu'il n'était certainement pas faux, mais sans doute pas le seul espace consistant du point de vue mathématique ni pertinent de celui de l'explication des phénomènes. En substituant à l'axiome euclidien stipulant que *« par un point donné, on peut mener une et une seule parallèle à une droite donnée »*, un axiome suivant lequel il n'y en a pas ou un autre qui dirait qu'il y en a une infinité, Riemann et Lobatchevski ont en effet donné naissance à des géométries non euclidiennes :

celles des espaces courbes. Ces axiomes sont certes moins intuitifs que celui d'Euclide, mais non moins féconds du point de vue des connaissances qu'ils rendent possibles. Ces découvertes feront dire à Poincaré que *« la géométrie n'est pas vraie, elle est avantageuse »* (*La science et l'hypothèse*).
Dans *Le Nouvel Esprit scientifique*, Bachelard parle même d'*« inconscient géométrique »* pour désigner l'infrastructure euclidienne qui se construit dans notre esprit. Il ajoute dans *La Dialectique de la durée* que les découvertes de la physique quantique *« nécessiteront sans doute la conception de durées discontinues qui n'auront pas les propriétés d'enchaînement illustrées par nos conceptions de trajectoires continues »*.

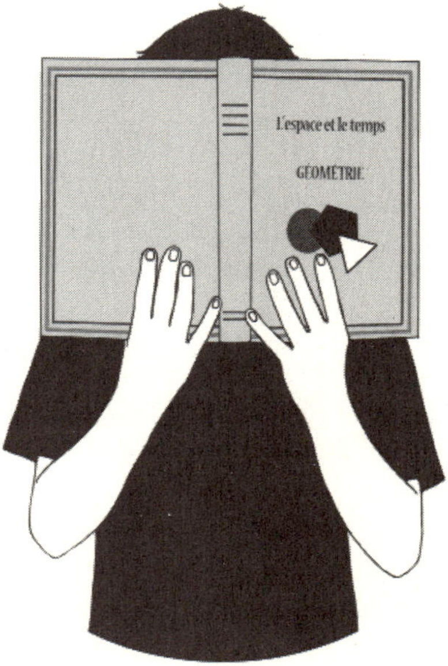

À RETENIR

La construction de l'espace-temps

L'espace et le temps tels que nous les concevons sont le produit de l'histoire des sciences, et notamment des révolutions galiléenne et newtonienne qui, relues par Einstein, ont abouti à la conception de l'espace-temps que nous utilisons comme référentiel universel.

Les conditions de toute perception

Mais l'espace et le temps ne sont-ils pas d'abord pour nous la condition de toute expérience sensible ? Nous ne percevons rien, montre Kant, en dehors de l'espace et du temps. Nous ne pouvons certes être certains de leur existence en soi, il reste que les choses ont nécessairement pour nous étendue et durée.

L'idéalité de l'espace et du temps

L'espace et le temps qui sont les formes a priori de notre sensibilité n'ont pas de valeur absolue : ils ne sont qu'une construction, sans doute la plus utile, mais certainement pas la seule qui permette de rendre raison des phénomènes physiques et naturels au sens large.

L'interprétation

Nous ne pouvons regarder au-delà de notre angle : c'est une curiosité désespérée que de vouloir savoir quels autres genres de perspectives pourraient exister encore. Mais je pense que nous sommes aujourd'hui éloignés de cette ridicule immodestie de décréter à partir de notre angle que seules seraient valables les perspectives à partir de cet angle. Le monde nous est redevenu « infini », pour autant que nous ne saurions ignorer la possibilité qu'il renferme une infinité d'interprétations.

Nietzsche, *Le Gai Savoir*

L'interprétation concerne des domaines très hétérogènes : on parle en effet aussi bien de l'interprétation qu'un artiste donne d'une œuvre que de celle qu'un juriste donne d'un texte de loi, de celle qu'un thérapeute donnera d'un acte manqué ou de celle que je donne de tel énoncé d'un de mes proches dont j'ai le sentiment qu'il « cache quelque chose ». Dans chaque cas, l'interprétation vient lever une indétermination, un doute par ce qui, à défaut de pouvoir juger de sa conformité à l'intention de l'auteur du matériau premier, s'offre comme une hypothèse. Il n'est pas rare, du reste, que plusieurs interprétations semblent possibles, et ce sera tout le travail de l'herméneute, la perspicacité du juriste ou le talent de l'artiste qui seront convoqués pour choisir la plus juste (ou belle, riche, innovante…). La fécondité de toute interprétation est cependant toujours grevée par un doute lancinant : révèle-t-elle le sens de ce qu'elle interprète ou le crée-t-elle de toutes pièces ?

Vérité et interprétation

« Il n'y a pas de faits, seulement des interprétations » (*La Volonté de puissance*). Bien connue, cette sentence de Nietzsche pourrait résumer ce qu'il partage avec les deux autres penseurs du soupçon que sont Marx et Freud. Leurs trois démarches se rejoignent en effet sur ce point qu'elles dévoilent un sens, une vérité dissimulée à dessein : l'interprétation se fait donc émancipatrice en ce qu'elle entraîne une prise de conscience et rend possible un changement. Freud par exemple, dans *L'Interprétation des rêves*, montre que le contenu manifeste d'un rêve, l'histoire qui s'y déroule, n'est que la trace d'un contenu latent qui lui donne son sens. Une de ses patientes lui raconte avoir rêvé de la mort de son neveu et n'avoir au réveil éprouvé aucun sentiment de chagrin, alors même que ce neveu venait tout juste de perdre son frère et qu'elle en portait le deuil. Freud y voit le signe que ce désir inconscient du décès de son neveu cache un autre désir, celui de revoir l'homme qu'elle a rencontré lors de l'enterrement de son premier neveu.

L'interprétation est ici dévoilement d'un sens caché, recherche de la clé permettant de remonter d'un ensemble signifiant vers un signifié. Sa démarche vise à surmonter la naïveté d'un discours faussement transparent à lui-même, qui dissimule pour Marx les rapports de forces économiques et sociaux, les instincts pour Nietzsche et les pulsions sexuelles pour Freud. Sa faiblesse tient pourtant au statut de l'herméneute lui-même, c'est-à-dire de celui qui interprète : comment être certains que Freud, Marx ou Nietzsche ne sont pas eux-mêmes victimes d'une illusion ?

Dépasser l'aporie de toute interprétation

Toute interprétation se trouve de fait dans un cercle dont il semble difficile de sortir : si elle peut s'argumenter, jamais elle ne peut être parfaitement démontrée, c'est même là tout son intérêt. Car une interprétation dont on serait certain ne serait pas appelée ainsi : on parlerait de certitude et, si celle-ci s'avère déterminante dans le domaine scientifique (qui requiert pourtant aussi des interprétations, des relevés de données par exemple), elle n'est pas du tout normative en matière de sciences humaines. C'est du reste le sens de la distinction que fait Dilthey entre les sciences qui recourent à l'explication des phénomènes et celles qui font appel à la compréhension, qui suppose une empathie et l'intervention de la subjectivité du scientifique.

Les sciences naturelles expliquent les phénomènes en leur appliquant des lois générales, en les ramenant à leurs causes physiques, c'est-à-dire en subsumant le singulier sous l'universel. Les sciences humaines ou de l'esprit s'attachent au contraire à comprendre les phénomènes (historiques, psychiques, etc.), à en saisir l'unité de sens, l'intention, la raison. Elles prennent la conscience pour objet : « *Nous appelons compréhension,* explique ainsi Dilthey dans *Le Monde de l'esprit*, *le processus par lequel nous connaissons un "intérieur" à l'aide de signes perçus de l'extérieur.* » Cette compréhension ne va pas sans interprétation, comprise ici comme « *la compréhension intentionnelle des manifestations de la vie* ».

Il y a d'ailleurs de nombreux domaines dans lesquels l'explication n'est ni requise ni même seulement possible, et notamment pour certains textes qui imbriquent souvent plusieurs strates de signification. L'interprétation du contenu des textes religieux est certainement l'affaire des croyants, mais il faut aussi parfois établir leur authenticité pour des raisons historiques et cela requiert par exemple la mise en œuvre de méthodes interprétatives plutôt qu'explicatives.

Le cercle herméneutique

L'herméneutique, qui est la discipline consacrée à l'interprétation des textes, repose sur un cercle que l'on peut certes critiquer de l'extérieur, mais dans lequel il faut accepter d'entrer si l'on veut en comprendre l'intérêt. Il faudrait en effet, explique Dilthey, avoir compris l'intégralité d'une œuvre afin d'être en mesure d'en interpréter adéquatement un extrait. Mais on n'accédera jamais à sa compréhension si on ne commence à l'interpréter avec les connaissances dont on dispose déjà, soit parce qu'une partie des textes demeurera peut-être à jamais manquante, soit parce qu'il faut bien commencer par une compréhension approximative d'un corpus pour progresser patiemment dans une saisie plus fine et adéquate.

Cette démarche n'a du reste rien de choquant, puisqu'elle correspond par exemple à la manière dont nous faisons peu à peu l'acquisition de la parole, pour Aristote notamment. Reprenant l'idée de Platon selon laquelle les sens donnent à l'âme une traduction des phénomènes sentis, Aristote considère toute expression comme une interprétation, c'est-à-dire une présentation à l'extérieur des pensées, opérée grâce à la langue. *« Il y a interprétation là où il y a sens multiple, et c'est dans l'interprétation que la pluralité des sens est rendue manifeste »*, explique Ricœur dans *Le Conflit des interprétations*.

À RETENIR

L'interprétation comme révélation

Les penseurs du soupçon que sont Nietzsche, Freud et Marx ont donné de l'interprétation une version radicale : elle est pour eux l'excavation d'un sens caché à dessein, la mise au jour du travail de forces inconscientes. Elle a donc des vertus émancipatrices que vient pourtant nuancer leur irréfutabilité scientifique.

La valeur scientifique de l'interprétation

Car l'interprétation intervient, c'est à la fois sa force et sa faiblesse, lorsque l'explication n'est pas possible ou lorsqu'elle a besoin des éclairages supplémentaires que la compréhension est susceptible d'apporter. De nature aporétique, elle n'en est pas moins requise dans de nombreux domaines de la connaissance.

Sa nécessité du point de vue de la connaissance

Aristote en fait notamment le pivot de toute expression, où l'on voit toute la fécondité de « l'équivocité » et de l'indétermination qui la caractérisent.

Le vivant

Dans tout germe vivant, il y a une idée créatrice qui se développe et se manifeste par l'organisation. Pendant toute sa durée, l'être vivant reste sous l'influence de cette même force vitale créatrice, et la mort arrive lorsqu'elle ne peut plus se réaliser. […] C'est toujours cette même idée vitale qui conserve l'être en reconstituant les parties vivantes désorganisées par l'exercice ou détruites par les accidents ou les maladies.

Claude Bernard, *Introduction à l'étude de la médecine expérimentale*

Dans *La Logique du vivant*, François Jacob explique que la biologie moderne est née lorsqu'on a cessé de s'interroger sur la vie pour interroger le vivant. À défaut de pouvoir percer le mystère de la vie, de l'origine de cette force qui fait que la matière est ou non animée, les scientifiques ont en effet concentré leurs recherches sur l'étude des organismes qui en sont dotés. Alors que les philosophes confrontaient hypothèses finaliste et mécaniste, les biologistes et les médecins ont peu à peu substitué deux types d'interrogations fondamentales à ce questionnement : d'une part la recherche d'une explication de la vie, c'est-à-dire du phénomène qui, de la naissance à la mort d'un organisme, en garantit l'unité et la faculté de se régénérer et la détermination parallèle des normes de santé, c'est-à-dire de ce qui distingue dans cet organisme le normal du pathologique; et d'autre part la recherche d'une explication de l'histoire du vivant considérée du point de vue de l'espèce.

L'opposition du finalisme et du mécanisme

Née au XVIIe siècle, la pensée mécaniste explique la nature sur la base des deux causes fondamentales que sont pour elle la matière

et le mouvement, à partir desquelles sont démontrées des lois mécaniques qui rendent compte des phénomènes naturels et de l'ordre du monde. Descartes, qui en était l'un des représentants, appliqua ce modèle au fonctionnement des êtres vivants qu'il pense ainsi comme des automates, de simples machines, bien que divinement composées. L'homme possède une âme, qui habite cette machine qu'est le corps, « comme un pilote dans son navire », et il se distingue en cela de l'animal-machine dépourvu de mouvements volontaires. La Mettrie franchira le pas qui retenait encore Descartes en affirmant dans *L'Homme-machine* l'identité de l'esprit avec la matière et la dilution de ce fait de toute dimension de libre arbitre.

Les tenants du finalisme, parmi lesquels on compte Kant, font au contraire valoir qu'il y a dans tout organisme vivant un rapport du tout aux parties, qui se manifeste par exemple dans le processus de guérison, qui semble indiquer que l'ensemble est doté d'une forme d'intelligence ou que, du moins, il concourt tout entier au maintien d'un certain équilibre. Assumant le présupposé quasi métaphysique selon lequel la vie serait caractérisée par la poursuite d'une finalité, cette hypothèse est pourtant celle qu'ont retenue les biologistes.

La vie comme force de résistance et de guérison

À défaut de pouvoir en identifier les causes, les biologistes ont fait le choix de définir la vie par rapport à ce à quoi elle s'oppose : elle est ainsi pour Bichat « l'ensemble des forces qui résistent à la mort ». Le cadavre est de ce point de vue un objet d'étude extrêmement précieux

dans la mesure où on pourra peut-être y trouver, dans la rigueur de leur décomposition, les merveilles de la vie.
Véritable « dissection sur le vif », Bichat espère que l'étude des états pathologiques permettra quant à elle d'observer les forces qui résistent à la mort en train de rétablir l'équilibre perdu. Mais comment définir cet équilibre ? S'oppose-t-il lui aussi à la vie, au même titre que la mort, ou bien faut-il le penser dans la continuité de la vie ? Pour ce qui est des êtres vivants, Georges Canguilhem a montré que le normal ne s'oppose pas forcément au pathologique : la santé désigne le fait, dans une situation donnée, d'être à la fois normal et normatif, mais toutes les situations anormales ne sont pas pathologiques et les situations pathologiques ne sont pas nécessairement anormales. La tâche de déterminer la norme de la vie se donne comme infinie tant elle tolère d'écarts et de possibilités. D'où la belle formule du docteur René Leriche, tenté de définir simplement la santé comme *« la vie dans le silence des organes »*.

L'évolutionnisme et ses critiques

La question des causes qui président à l'histoire du vivant, à l'évolution de ses formes et de ses caractères est le deuxième grand problème que le vivant pose aux biologistes. Ce que l'on appelle le finalisme, ici représenté notamment par Lamarck, n'y prend pas tout à fait le même sens que précédemment puisqu'il consiste à penser que l'histoire des espèces est déterminée par leurs besoins. Lamarck soutient ainsi que ce n'est pas la forme du corps des animaux qui conditionne leur manière de vivre, mais que leur milieu et leurs habitudes ont progressivement conduit à une adaptation de leur corps : contrainte de manger les feuilles hautes des arbres, la girafe a vu son cou s'allonger au fil des générations.
L'évolutionnisme conteste cette hypothèse : pour Darwin, les mutations génétiques se faisant de manière parfaitement aléatoire lors de la duplication de l'ADN, elles ne peuvent évidemment s'expliquer par le milieu. L'espèce évolue alors grâce à la sélection naturelle des individus en fonction des avantages qu'ils peuvent tirer de leurs caractères : seuls les plus forts survivent, qui sont porteurs des caractères les mieux adaptés à la vie, et en

se reproduisant ils assurent par leur transmission l'évolution et le renforcement de l'espèce.
« Ceux qui possèdent un avantage quelconque sur les autres ont une meilleure chance de survivre et de procréer leur propre type », dit Darwin dans l'*Origine des espèces*. S'il est vrai que les plus forts ont plus de chance de survivre, fait pourtant valoir Albert Jacquard, ils ne procréeront leur propre type, en vertu des lois de l'hérédité, que s'ils s'unissent à un porteur du même caractère. Et en vertu des mêmes lois, il n'est à l'inverse pas certain que, même si le gène codant le caractère a bien été transmis dans le patrimoine génétique du ou des héritiers, la possession de ce gène aboutisse à la manifestation du trait. En réponse à cela, François Jacob insiste sur l'importance de l'environnement et de l'héritage en matière de comportement, qui compte de son point de vue au moins autant dans l'évolution que le matériel génétique.

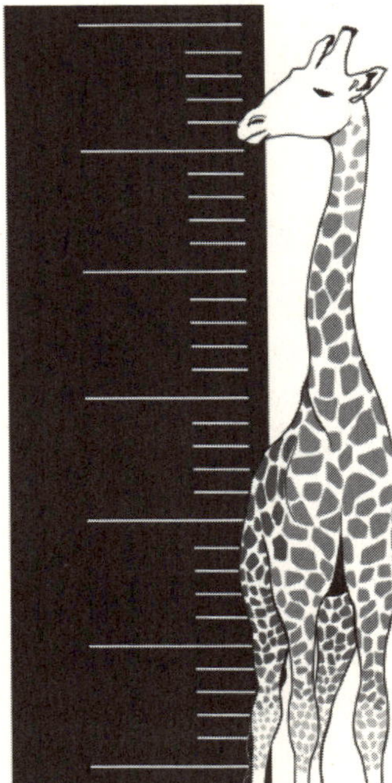

À RETENIR

La vie, mécanisme ou finalité ?

Y a-t-il plus dans le vivant que dans une simple machine ? Est-il doué d'un principe organisateur, irréductible à tout fonctionnement automatique ? L'analyse du vivant fait plutôt pencher pour la seconde proposition, bien qu'en l'absence d'une compréhension de la finalité qui préside à l'animation de la matière on ne puisse que le supposer.

L'ensemble des forces qui résistent à la mort

Concentrant leurs efforts sur le vivant plutôt que sur la vie elle-même, les médecins et les biologistes s'appuient sur une définition négative de la vie comme force de résistance à la mort et aux maladies ou accidents que peut subir l'organisme.

La théorie de l'évolution

La sélection naturelle est pour Darwin le moteur de l'évolution des espèces : les individus qui présentent les caractères les mieux adaptés à leur environnement ont plus de chances de survivre ; en transmettant leurs caractères à leurs héritiers, ils concourent à leur acquisition définitive par l'espèce.

La matière et l'esprit

Il suit de là que l'homme est composé d'une âme et d'un corps, et que le corps humain existe tel que nous le sentons. […] À mesure qu'un corps est plus propre que les autres à agir ou à pâtir simultanément d'un grand nombre de façons, il est uni à une âme plus propre à percevoir simultanément un grand nombre de choses ; et plus les actions d'un corps dépendent de lui seul, moins il a besoin du concours des autres corps pour agir, plus l'âme qui lui est unie est propre à la connaissance distincte.

Spinoza, *Éthique*

Une réflexion philosophique sur la matière et l'esprit s'engage avec la certitude que toute prise de position comportera des enjeux fondamentaux : le statut de notre liberté, de notre faculté de connaître et notre rapport au monde qui nous entoure s'en trouveront nécessairement affectés de manière radicale. Du reste, ce couple de notions n'est indissociable qu'en apparence : tout un courant de la philosophie se réclamant du « monisme » s'est en effet efforcé de penser l'identité de la matière à l'esprit pour les uns, de l'esprit à la matière pour les autres. Plus proche de notre intuition spontanée – lorsque je n'y réfléchis pas plus avant, il me semble aller de soi que mon corps et le monde extérieur d'un côté et mes pensées de l'autre appartiennent à deux registres absolument hétérogènes l'un à l'autre –, l'alternative dualiste débouche pourtant sur une aporie dont nous montrerons l'une des résolutions possibles.

Le monisme

Il consiste, nous l'avons dit, dans le couple matière et esprit, à choisir l'un ou l'autre et à affirmer que seule existe la matière pour les

uns et pour les autres, l'esprit : on est alors matérialiste dans le premier cas, et immatérialiste ou spiritualiste dans le second.

Le matérialisme est notamment représenté par Épicure, qui définissait la réalité comme composée d'atomes et de vide et l'âme comme un simple agrégat de tels atomes. Les substances spirituelles ou pensantes ne sont dès lors que l'effet d'une structure matérielle particulière. Leur seule liberté leur vient de la matière et du fameux clinamen, cette légère déviation aléatoire des atomes par rapport au mouvement que devrait normalement causer leur poids. Une telle position rend absolument inopérantes et absurdes les diverses superstitions et croyances : il n'existe rien en dehors de la matière animée, et il ne sert par conséquent à rien de redouter la mort ou de craindre un dieu quelconque. La faiblesse du matérialisme, on le voit, tient à ce que rien ne peut l'assurer de la véracité de ses thèses : l'esprit, qui n'est qu'un composé de matière, ne peut justifier d'aucune prétention quant à sa certitude que la matière existe.

C'est là l'un des points de départ possibles de l'autre grande thèse moniste, telle que Berkeley la développe sous le nom d'« immatérialisme ». Radicalisant la thèse de Locke – selon laquelle seules les qualités premières, comme la figure ou le mouvement, sont bien des qualités réelles de la chose, contrairement aux qualités secondes qui varient tellement en fonction de nos sens et des circonstances que l'on ne peut dire qu'elles lui appartiennent vraiment –, Berkeley soutient que les qualités premières sont tout aussi dépendantes du sujet qui perçoit que les secondes. Si les qualités que nous livre la perception ne sont pas des qualités des choses, mais seulement les effets qu'elles produisent sur nous comme le pense Berkeley, l'idée de matière se trouve vidée de son sens : « Être, c'est percevoir ou être perçu », affirme-t-il. Je ne peux pas être certain de l'existence de cette chaise dès lors que quittant la pièce, je ne la perçois plus : le monde extérieur n'a d'autre existence que celle de l'esprit.

Le dualisme

Nous ne pouvons sans doute être certains de l'existence du monde extérieur, mais nous avons un corps qui est à la fois perçu et percevant et dont la matérialité ne fait pour nous aucun doute, que nous ressentions plaisir, douleur ou appétit. Mais comment être certain de l'existence de notre esprit ? Berkeley dit qu'il perçoit, certes, mais en l'absence de certitude aucune quant à la réalité de la matière; qu'il s'agisse de son existence ou de ses propriétés, comment être certain que ces perceptions sont bien réelles, qu'il ne les rêve pas ou même, se demande Descartes dans ses *Méditations métaphysiques*, qu'il n'est pas la victime d'un malin génie qui introduirait à dessein de fausses idées dans son esprit ?

La première évidence qui arrête le doute cartésien est celle du sujet pensant : « Je pense », c'est une certitude qui, chaque fois que j'en éprouve la clarté, me donne la certitude que j'existe. L'existence de l'esprit, substance pensante, est donc par là assurée.

Seuls les rapports de l'âme et du corps continuent de poser lourdement problème. Descartes les pense comme médiatisés par des « esprits animaux » : l'âme peut provoquer des modifications des mouvements des esprits animaux qui traversent le corps et, inversement, les mouvements des esprits animaux, trouvant leur origine dans le corps, peuvent affecter l'âme. Mais on comprend qu'ainsi le problème n'est pas résolu. Car, pour qu'il y ait action de l'âme sur le corps et du corps sur l'âme, pour que s'établisse un rapport de cause à effet, il faudrait supposer une certaine « communauté » des substances pensantes et de l'étendue, cela étant par principe inconcevable pour Descartes.

Le spinozisme

Spinoza imagine l'union de l'âme au corps de manière tout à fait différente : imaginez une feuille de papier, son recto et son verso. Quels que soient les traitements que vous lui ferez subir, elle en portera l'empreinte sur ses deux faces. C'est de les avoir d'abord disjoints que Descartes a peiné à penser les rapports de l'âme au corps, qui ne sont pour Spinoza que deux modalités ou deux expressions différentes – deux modes – d'une même substance. Il n'existe en effet pour Spinoza qu'une substance, Dieu ou la Nature, qui s'exprime selon une infinité d'attributs. Nous en connaissons deux, la pensée et l'étendue, dans lesquelles elle s'exprime selon un parallélisme (psycho-physique) rigoureux. Revenant à une certaine forme de monisme, puisqu'il pense l'identité de la substance sous la diversité de ses modes, le spinozisme n'est pourtant réductible ni au matérialisme ni à l'immatérialisme, car aucun des modes n'a de privilège ou plus de pouvoir que l'autre.

À RETENIR

Matière ou esprit ?

Le monisme consiste à n'accorder de réalité qu'à la matière ou à l'esprit. Les matérialistes pensent ainsi que seule la matière existe et que l'esprit se résume à un composé de matière. À l'antithèse de cette position, les immatérialistes comme Berkeley n'accordent de réalité qu'à la perception : *« Être, c'est percevoir ou être perçu »*.

Le privilège de l'esprit sur la matière

Les dualistes comme Descartes accordent l'existence aussi bien à l'esprit qu'à la matière, mais pensent le privilège de l'esprit sur le corps, qu'il habite *« comme un pilote dans son navire »*.

L'identité de la matière et de l'esprit

Spinoza propose enfin de considérer le corps et l'esprit (dont l'existence est évidemment pour lui indubitable) comme deux modes d'expression d'une même réalité, la substance. Lorsque le corps est affecté, l'âme l'est donc aussi nécessairement et, réciproquement, toute activité de l'esprit s'exprime aussi dans le corps.

La vérité

La première signification du vrai et du faux semble avoir tiré son origine des récits; et l'on a dit vrai un récit quand le fait raconté était réellement arrivé; faux quand le fait raconté n'était arrivé nulle part. Plus tard, les philosophes ont employé le mot pour désigner l'accord d'une idée avec son objet; ainsi, l'on appelle « idée vraie » celle qui montre une chose comme elle est en elle-même; «fausse » celle qui montre une chose autrement qu'elle n'est en réalité.

Spinoza, *Pensées métaphysiques*

L'évidence du caractère normatif de la vérité – réassurée par les contreparties de son abandon, qui fait le lit du relativisme et du négationnisme – tranche avec l'extrême difficulté à laquelle se heurte toute tentative d'en produire une définition. Le vrai est-il le réel ou la conformité des représentations que nous en produisons ? Existe-t-il un « ciel des vérités » qu'il nous faudrait scruter pour les découvrir ou en sommes-nous au contraire les producteurs ? Des différents abords sous lesquels il est possible de l'envisager – en tant que jugement, son caractère universel la distingue de l'opinion; du point de vue moral, la véracité est le contraire du mensonge; sur le plan théorique, elle s'oppose à l'illusion ou à l'erreur –, la conformité entre une chose, sensible ou intelligible, et ce que l'on en dit semble s'imposer comme le plus petit dénominateur commun caractéristique de la vérité.

Les apories de la vérité pensée comme adéquation

Le critère généralement retenu pour juger de la vérité d'un énoncé est l'adéquation. Dans *De l'interprétation*, Aristote définit la vérité d'une proposition comme la correspondance entre ce qui est dit dans

celle-ci et la réalité. La proposition « Il pleut » est dite « vraie » lorsque c'est effectivement le cas. Cette conception de la vérité fait surgir un problème majeur : si la norme du vrai est en effet dans une telle adéquation, il semble difficile, voire impossible, de vérifier la correspondance en fonction de laquelle une pensée ou une proposition peut être dite vraie. Car, comment savoir avec certitude si les choses sont réellement conformes à nos jugements ?

Cette question soulève l'un des problèmes transversaux de l'histoire de la philosophie qui tient dans la question de ce que les choses sont en elles-mêmes, a priori, indépendamment de notre jugement.

De nombreux philosophes contemporains du « tournant langagier », comme Bertrand Russell, ont pourtant repris et approfondi la conception aristotélicienne de la vérité : le fait que nous n'ayons actuellement aucune possibilité de savoir s'il y a correspondance ou absence de correspondance ne change rien à la définition logique de la vérité, qui obéit de plus au principe du tiers exclu ou de non-contradiction selon lequel une proposition est soit vraie soit fausse, mais forcément ou vraie ou fausse. Mais cela est-il seulement certain ? Prenons la proposition d'Épiménide le Crétois : *« Tous les Crétois sont des menteurs. »* Soit il dit vrai et alors il ment puisqu'il est Crétois, donc son affirmation est fausse. Soit au contraire, il ment en disant cela, alors son affirmation est vraie, mais fausse puisqu'il a menti…

Phénomènes et noumènes

Ce que la postérité a retenu de Kant comme l'équivalent pour la philosophie de la « révolution » opérée par Copernic en astrophysique peut être considéré comme une tentative de surmonter l'aporie de la vérité pensée comme correspondance, c'est-à-dire l'aporie d'une norme de la vérité pensée comme indépendante du sujet connaissant. L'adéquation entre les choses et nos représentations des choses n'est garantie par rien si ce n'est par les formes que notre esprit leur applique a priori. Il nous faut, dit Kant, renoncer à la connaissance des choses en soi, ou noumènes, dont seuls nous sont accessibles les phénomènes que notre entendement constitue à leur contact selon des lois a priori, c'est-à-dire indépendantes de toute expérience, et universellement valables pour tout sujet connaissant. Il en est ainsi du temps et de l'espace, qui ne sont pas des propriétés des choses mais des formes de la sensibilité ou de la causalité comme rapport nécessaire entre une cause et son effet qui, en tant que catégorie de l'entendement, constitue l'un des prismes à travers lesquels nous appréhendons nécessairement le réel. En matière de connaissance, les vérités auxquelles nous accédons sont ainsi garanties dans leur effectivité : une communication est non seulement possible, mais de plus elle est certaine dès lors qu'elle n'excède pas le domaine de juridiction de l'entendement. Certes grevée par ce que Fichte appellera la « *triste chose en soi* », la théorie kantienne ménage la possibilité d'une définition de la vérité qui, pour être relative au sujet connaissant, n'en est pas moins universelle.

La vérité comme dévoilement

L'utilité des vérités scientifiques, qui suppose leur conformité et leur universalité, ne constitue pour Heidegger qu'un cas particulier de notre capacité à produire des vérités, cas particulier qui a été érigé en norme du vrai de manière tout à fait indue. Nous sommes en effet pour Heidegger, au sein de l'ensemble de ce qui existe et qu'il nomme les « étants », ces étants insignes qui, contrairement aux animaux dont le rapport au monde ne se tisse que sous le mode de l'accaparement, ont la faculté d'« ouvrir un monde », c'est-à-dire de le révéler, tantôt sous le mode de l'accaparement qui est de l'ordre de la survie, tantôt sous celui de la technique et de la connaissance scientifique par lequel nous nous l'approprions, tantôt enfin sous un mode esthétique ou contemplatif par lequel nous lui donnons du sens à proprement parler. La révolution copernicienne que Heidegger accomplit pour sa part consiste à faire valoir que nous ne pouvons envisager la vérité comme conformité des choses avec les énoncés que nous produisons à leur sujet que parce que nous sommes déjà capables d'en révéler tel ou tel aspect : parce qu'à la différence des animaux, nous pouvons envisager l'être B de A indépendamment de toute stimulation, de toute menace ou de tout appétit. C'est en ce sens qu'il affirme dans *Être et Temps* : *« il n'y a de vérité que dans la mesure et aussi longtemps que le dasein* [l'homme] *est. »*

À RETENIR

La vérité comme adéquation

La conception classique de la vérité donne celle-ci comme le juste rapport entre les termes d'une proposition et les choses auxquelles ces termes renvoient.

La vérité comme synthèse

Mais comment savoir que les choses sont bien telles que nous les percevons ? Cela est impossible, et c'est pourquoi Kant déplace le critère du vrai de la chose en soi, qui nous demeure inaccessible, à la chose pour nous, telle qu'il nous est donné de nous la représenter compte tenu des formes a priori de notre sensibilité et de notre entendement.

La vérité comme dévoilement

Pour Heidegger, le problème de la vérité précède celui de l'énoncé : nous ne sommes capables de vérité, et a fortiori d'exprimer celle-ci sous forme d'énoncés, que parce qu'il nous est donné d'« ouvrir un monde », c'est-à-dire d'appréhender les choses suivant telle ou telle propriété qui s'y dévoile.

Le pouvoir et la violence

S'il n'existait que des structures sociales d'où toute violence serait absente, le concept d'État aurait alors disparu et il ne subsisterait que ce qu'on appelle l'« anarchie ». La violence n'est évidemment pas l'unique moyen normal de l'État, mais elle est son moyen spécifique. […] Il faut concevoir l'État contemporain comme une communauté humaine qui, dans les limites d'un territoire déterminé, revendique avec succès pour son propre compte le monopole de la violence physique légitime.

Max Weber, *Le Savant et le Politique*

Le pouvoir a-t-il pour fin de supprimer la violence ou son établissement suppose-t-il déjà une concertation entre les hommes qui attestent ensemble de leur volonté de la supprimer ? La question des rapports entre le pouvoir et la violence engage un positionnement sur l'essence du pouvoir. La philosophie politique classique a tendance à pencher pour la première possibilité : le pouvoir ne tient que par la volonté des citoyens de garantir leur sécurité. Seule alternative à l'anarchie qu'on imagine être l'état de nature, il repose sans cesse sur le difficile équilibre entre la répression et la violence. Est-ce à dire que le pouvoir reposerait uniquement sur la peur ? Les tenants de la deuxième option soutiennent le contraire : en dehors de toute prise en compte de la violence, le pouvoir est ce qui surgit entre les hommes lorsqu'ils décident d'agir ensemble.

« Le monopole de la violence légitime »

Le pouvoir politique a pour objet de régir la vie de la communauté et d'assurer sa subsistance. Il a donc logiquement pour rôle d'assurer

la sécurité des individus et de les protéger de toute violence, physique ou morale, pouvant porter atteinte à leur personne. Détenteur du « monopole de la violence légitime » (Weber, *Le Savant et le politique*), le pouvoir en use donc de manière juste et mesurée.

De nombreux philosophes politiques, et notamment Hobbes dans *Léviathan*, présentent l'état de nature – avant toute société civile et, par conséquent, avant l'institution de tout pouvoir autre que celui du plus fort – comme une *« guerre de tous contre tous »*. Par le contrat social, les citoyens en devenir se donnent un pouvoir, c'est-à-dire qu'ils décident de se priver d'une partie de leurs libertés afin de garantir l'intégrité de leur personne et le respect de leurs biens. La violence semble donc analytiquement liée à l'idée de pouvoir, puisque les citoyens délèguent au pouvoir politique la responsabilité d'exercer la violence en leur nom et, faisant cela, choisissent de *« se faire violence »* en réfrénant la justice privée qu'ils sont naturellement tentés de rendre.

En dépit de ce pacte contracté de manière unanime, les lois sont transgressées sous des formes diverses et le pouvoir doit réprimer ces atteintes qui leur sont faites. Il fait donc intervenir la police en laquelle s'incarnent les *« forces de l'ordre »*, chargée de réprimer la violence. Mais si l'élimination de la violence entre les citoyens se fait au prix d'un accroissement de celle que le pouvoir politique exerce sur les individus, quelles en seront les limites ? Les formes les plus récentes de violence exercées à l'encontre des États, le terrorisme notamment, appellent-elles une réponse proportionnée ? Une telle conception du pouvoir se voit limitée par ses objectifs mêmes : pour supprimer totalement la violence, le pouvoir doit la réprimer de telle sorte que, poussée à son extrême, cette logique instaurerait une véritable tyrannie. C'est d'ailleurs un fait bien connu que dans les pires dictatures l'ordre règne en maître absolu. « *On vit tranquille aussi dans les cachots* », dit Rousseau dans *Du contrat social*.

La politique comme « agir concerté »

Rousseau pense qu'il n'y a d'homme libre qui ne soit citoyen, l'obéissance à la loi qu'on s'est donnée étant la seule forme de liberté. C'est qu'il y a, dit Hannah Arendt, en amont de tout contrat social, une volonté d'agir ensemble qui constitue le pouvoir et assure son maintien bien mieux que les lois ou la police. Car « *tandis que la puissance est la qualité naturelle d'un individu pris isolément*, explique-t-elle dans la *Condition de l'homme moderne*, *le pouvoir jaillit entre les hommes lorsqu'ils agissent ensemble et s'évanouit dès qu'ils se dispersent* ». Pensant ainsi le pouvoir comme totalement indépendant de la violence, Arendt se démarque de Weber : la violence n'est pour elle que l'instrumentalisation d'une force à des fins de coercition et de domination. C'est une œuvre d'unification de la multitude, de subsomption de la pluralité sous la figure d'une volonté. Il y a toujours dans la violence une relation de subordination, à l'inverse du pouvoir, qui est l'action concertée au sein d'un espace public. C'est ce qui fait aussi sa fragilité, sa vulnérabilité à la violence qui menace toujours de le diviser et donc de le détruire.

L'éclipse moderne du pouvoir

Hannah Arendt a une tout autre vision de la violence humaine que celle de Hobbes notamment, et de nombreux philosophes politiques avec lui : la guerre de tous contre tous lui évoquerait plutôt la violence animale que la violence humaine qui, explique-t-elle dans *Du mensonge à la violence*, provient toujours d'un sentiment d'injustice. Lorsqu'ils contestent le pouvoir, les citoyens ne le font pas comme des hommes de l'état de nature pourraient le faire. Leur violence surgit lorsqu'ils ont le sentiment que leurs droits sont bafoués. Un tremblement de terre, un tsunami, une pluie diluvienne peut provoquer un grand nombre de victimes sans entraîner de mouvement de violence de la part des hommes. Mais il peut suffire d'une personne tuée par une autre pour que toute une cité dégénère dans une spirale infernale de violence. Aussi, dans la situation actuelle (elle écrit en 1972), le règne de la bureaucratie et la superpuissance des grands pays pourraient-ils pour Arendt expliquer la violence. La bureaucratie – un thème déjà présent chez Weber, qui assimilait son émergence à une forme de « *désenchantement du monde* » – correspond au règne de l'anonymat, à une « *tyrannie sans tyran* » (on pourrait y ajouter aujourd'hui l'importance croissante de la technocratie, du règne des experts et de la multiplication des médiations entre l'individu et le pouvoir). Les individus ne peuvent se retourner contre ce type de pouvoir que d'une manière violente, car ils ont l'impression de ne pas avoir d'interlocuteur direct et visible.

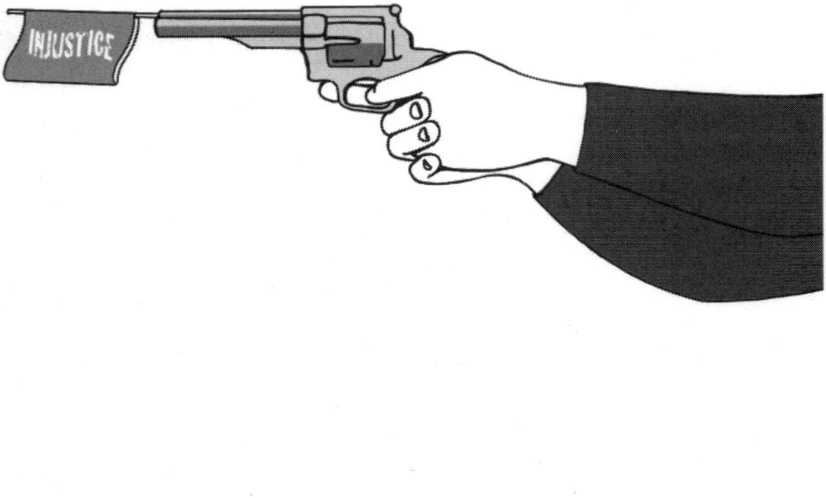

À RETENIR

La violence et l'essence du pouvoir

Le pouvoir est l'instance chargée par les citoyens d'arbitrer les conflits et de garantir la sécurité des personnes et des biens. Il détient le *« monopole de la violence légitime »* (Weber) que les citoyens acceptent, car il s'agit pour eux d'un moindre mal s'ils le rapportent à la « guerre de tous contre tous » que constituait l'état de nature.

Le pouvoir comme « agir concerté »

Il ne s'agit là pourtant que d'une vision particulière du pouvoir, qui n'explique son maintien en dernière analyse que par la peur. Le pouvoir est au contraire pour Arendt ce qui surgit entre les hommes lorsqu'ils décident d'agir ensemble, tandis que la violence n'est qu'instrumentalisation.

Les conséquences de la bureaucratie

Arendt explique la recrudescence de la violence dans les sociétés modernes par la montée du phénomène de bureaucratisation qui, privant les citoyens d'interlocuteurs identifiables, ne leur laisse que la violence pour exprimer leur sentiment d'injustice.

La société

Les hommes n'agissent pas, en tant que membres du groupe, conformément à ce que chacun ressent comme individu : chaque homme ressent en fonction de la manière dont il lui est permis ou prescrit de se conduire. Les coutumes sont données comme normes externes avant d'engendrer des sentiments internes, et ces normes insensibles déterminent les sentiments individuels ainsi que les circonstances où ils pourront ou devront se manifester.

Claude Lévi-Strauss, *Le Totémisme aujourd'hui*

Une société est un ensemble relativement stable d'individus reliés entre eux par une histoire. Du latin *societas*, « union », « association », la société suppose qu'un ordre ait été créé par une intervention sur la vie collective : elle est à la fois un système porteur d'une certaine normativité – ce que Montesquieu nomme *« l'esprit des lois »* – et un ensemble d'acteurs qui sont comme la matière première qu'organise la loi, le désordre auquel doit s'imposer l'ordre. Le questionnement sur la société se décline de ce fait en un problème anthropologique (l'homme est-il ou non un être naturellement sociable et comme destiné à la vie en société ?), en un problème sociologique (dans quelle mesure les conduites des individus sont-elles socialement déterminées ? Quelle est la part d'autonomie de l'acteur par rapport au système ?) et en un problème politique (comment l'État peut-il résoudre les contradictions internes au corps social ?), problèmes que nous aborderons successivement.

L'homme, un animal social ?

Pourquoi les hommes, que l'on ne peut s'imaginer autrement que parfaitement libres et solitaires avant la société civile, en sont-ils

venus à se regrouper pour soumettre leur volonté à celle d'un collectif ? Les différentes explications que les philosophes ont données à l'émergence de la société reposent toutes en dernière analyse sur le besoin. Même chez Aristote, qui est pourtant le premier à caractériser l'homme comme animal social, le regroupement des individus ne se fait qu'en vue de la mutualisation des efforts afin de satisfaire les besoins primordiaux. Pour autant, ce n'est pas parce que la société n'est pas originelle qu'elle n'est pas naturelle pour l'homme : c'est même le contraire puisque, du point de vue d'Aristote, l'homme n'est pas un être achevé tant qu'il ne fait pas partie d'une communauté politique, et c'est dans la cité qu'il lui est donné de se réaliser pleinement. Dégagé du règne des besoins grâce à la division du travail que la vie en société rend possible, il peut en effet ainsi se consacrer à des activités plus enrichissantes. De plus, ce que Kant nomme l' *« insociable sociabilité »* des hommes – la vanité et l'envie qui les opposent – suscite en eux le désir de se dépasser, de cultiver leurs facultés, engendrant au final le progrès tant individuel que collectif. C'est donc paradoxalement par le détour du mal que la société progresse.

Le lien social

Née au XIXe siècle, la sociologie prend comme objet d'investigation scientifique la société et non plus l'homme, avec l'ambition de traiter les faits sociaux *« comme des choses »*, ainsi que l'explique Durkheim dans *Les Règles de la méthode sociologique*. Les raisons qui ont poussé les hommes à se constituer en sociétés lui importent donc moins que les modes de fonctionnement des sociétés actuelles et la manière dont les individus s'y sentent liés les uns aux autres.

Durkheim distingue les sociétés à solidarité mécanique des sociétés à solidarité organique. La solidarité mécanique est à l'œuvre dans les sociétés où domine la conscience collective, définie comme *« l'ensemble des croyances et des sentiments communs à la moyenne des membres d'une même société »*. Les individus y ont des pratiques similaires et partagent les mêmes valeurs. La solidarité étant maintenue par la sanction pénale – qui exprime la réaction de la collectivité contre quiconque offense les sentiments collectifs –, l'individu est soumis à une forte pression du groupe et ne peut développer une personnalité propre.

Reposant sur la division du travail qui rend les hommes économiquement dépendants les uns des autres, la solidarité organique laisse plus de champ aux variations individuelles et la conscience collective s'y fait plus diffuse. Mais, tout en laissant davantage de latitude au libre examen, la conscience collective se renforce pour tout ce qui touche au respect de la dignité de l'homme et *« l'individu devient une sorte de religion »*.

Le devenir des sociétés démocratiques

Pour Durkheim, l'histoire sociale révèle que la transformation progressive des sociétés à solidarité mécanique en sociétés à solidarité organique est plus ou moins inéluctable, du fait notamment de l'industrialisation. Il n'est d'ailleurs pas le seul à faire ce diagnostic que Tönnies avait fait avant lui en identifiant le passage de la communauté (Gemeinschaft), gouvernée par la volonté « naturelle », à la société (Gesellschaft), où règne la volonté « rationnelle ».

Si les individus peuvent paraître plus libres dans ce type de société, la *« religion de l'individu »*, le règne de la *« volonté rationnelle »,* ou ce que Weber qualifie carrément de *« désenchantement du monde »*, constituent autant de ferments de décomposition du lien social. Les normes sociales sont de moins en moins prescriptrices, la société encadre de moins en moins les individus qui se trouvent confrontés à une situation que Durkheim qualifie d'*« anomie »* ou absence de normes. Il observe ainsi dans une étude sur le suicide que celui-ci *« varie en fonction inverse du degré d'intégration des groupes sociaux dont fait partie l'individu »* : a contrario, le contrôle social protégerait donc du suicide.

Dans *De la démocratie en Amérique*, Tocqueville avait étudié une situation comparable d'anomie due à la montée en puissance de l'individualisme. Analysant l'impossible partage des valeurs dans une telle « *société démocratique* » (non au sens politique, mais comme « *culture* », c'est-à-dire comme ensemble de représentations et de valeurs) où chacun est finalement le promoteur des siennes propres, il explique qu'il n'y a d'autre communauté que celle du dialogue par lequel seul peuvent se légitimer les normes. Choisies par tous, celles-ci deviendront des lois. Dans une société démocratique, le contrôle social n'est donc plus assuré par les individus mais par l'État, il prend la forme du droit auxquels les individus ont recours pour régler leurs différends.

À RETENIR

La société, un moindre mal avec des bénéfices

La société n'est pas naturelle pour l'homme, mais il la constitue pourtant de lui-même afin d'assurer la satisfaction de ses besoins. De plus l'*« insociable sociabilité »* de l'homme (Kant) aboutit paradoxalement à un développement de ses facultés qui n'aurait probablement pas lieu s'il ne vivait parmi ses semblables.

La nature du lien social...

Une fois constituée, la société ne tient que par la force du lien qui en relie les membres, reposant pour Durkheim sur le partage de valeurs et le contrôle social (solidarité mécanique) ou sur la complémentarité que crée la division du travail (solidarité organique).

... et son devenir

L'industrialisation et la montée de l'individualisme concourent à l'établissement d'une solidarité plus organique que mécanique, faisant peser sur le corps social le risque d'anomie. Les sociétés démocratiques le résolvent par un transfert des valeurs dans le droit, qui devient le véritable lien selon Tocqueville.

La justice et le droit

La justice est la première vertu des institutions sociales comme la vérité est celle de systèmes de pensée. Si efficaces et bien organisées que soient des institutions et des lois, elles doivent être réformées ou abolies si elles sont injustes. Les inégalités sociales et économiques doivent être organisées de façon à ce que, à la fois, (a) elles apportent aux plus désavantagés les meilleures perspectives et (b) elles soient attachées à des fonctions et à des positions ouvertes à tous.

Rawls, *Théorie de la justice*

Les rapports de la justice et du droit se ramifient en deux interrogations majeures : dans quelle mesure le sujet du droit se doit-il d'être juste, et comment construire le droit pour que cette propriété du sujet de droit, la justice, en soit l'émanation la plus fidèle ? Très proches étymologiquement, les notions de justice et de droit (jus, juris, qui donne l'adjectif juridique) tendent à diverger dès lors que l'on envisage les systèmes existants. Car si la justice semble pouvoir se justifier de l'unanimité, la diversité de ses mises en œuvre juridiques montre que sa définition ne va nullement de soi. Dans quelle mesure le droit est-il effectivement capable de prendre en compte l'impératif de justice et comment définir l'organisation d'une société juste tout en garantissant dans le droit l'application concrète de l'idée de justice, quoi qu'il en soit de ses évolutions ?

Le droit est-il l'émanation du juste ?

Pour le droit naturel classique, le droit est l'émanation d'une loi conforme à la nature et à l'ordre des choses, qui se distingue de la justice des hommes, que la loi a pour vocation de corriger. Le fameux

conflit de Créon et d'Antigone symbolise la dualité de ces deux régimes de juridiction : la loi des hommes voudrait qu'Antigone enterre son frère, l'ordre de la nature incarné par Créon s'y oppose pour des raisons qui demeurent étrangères à Antigone. Il existe donc un rapport juste entre les choses et entre les êtres humains et les choses, et ce rapport est le seul constitutif du droit des êtres sur les choses.

Le droit naturel dit « moderne », incarné par Grotius, Hobbes ou Locke, déplace le centre de gravité de la référence à la nature : c'est la nature humaine qui devient prescriptrice de l'ordre, donc du juste. De la comparaison de différents types de sociétés, Grotius postule l'existence d'une *« loi naturelle »*, c'est-à-dire d'une *« justice intermédiaire qui est caractéristique de l'humanité »* (Le droit de prise), et qui se résume à deux propositions : 1) chacun a le droit de se défendre s'il est menacé; 2) nul n'a le droit de nuire volontairement à un autre être humain, sauf en cas de légitime défense. Mais si le droit naturel ainsi défini fonde bien les droits et devoirs des citoyens entre eux, il est impuissant à définir ceux qu'ils ont envers l'État et réciproquement. Le droit positif, tel qu'il fut notamment théorisé par Kelsen, tend pour sa part à ne considérer aucune norme transcendante du droit, et à résoudre la question du droit naturel et de l'exigence de justice dont il doit émaner par une restriction du droit à un ordre autonome de faits.

L'utile contre le juste

En réponse aux différentes apories de la théorie du droit quant au statut de l'exigence de justice, John Rawls va inverser la démarche mise en échec et parier que d'une théorie de la justice pourraient naître un ordre et un ensemble de lois justes. Pour Rawls, les institutions sont justes si les règles en sont disposées de manière à ce qu'elles jouent à l'avantage de l'ensemble des citoyens, et pas seulement d'une partie d'entre eux. Contrairement à la théorie utilitariste, il ne pense pas que la justice résulte forcément de la « maximisation » de la satisfaction ou de l'utilité globale de la société – lorsque celle-ci exige, par exemple, le sacrifice du bien-être de certains au bénéfice de tous. Pour les utilitaristes que sont Mill et Bentham, le juste est en effet défini, conformément aux intérêts égoïstes de chacun, par l'augmentation maximale des revenus, avec l'idée que plus le gâteau est gros, plus grosse sera la part de chacun.

Prenons l'exemple d'un couple ayant deux enfants dont l'un est handicapé et l'autre surdoué. Placés devant le choix de déménager dans une ville où le premier pourra recevoir des soins qui amélioreront sensiblement sa qualité de vie au quotidien, ou dans une autre ville où le second pourra intégrer une école spécialisée afin de tirer pleinement parti de ses capacités, que doivent faire les parents ? La solution utilitariste serait de privilégier l'enfant surdoué, car les progrès qu'il pourra ainsi faire augmenteront beaucoup plus l'utilité globale de la famille que l'amélioration du quotidien de l'autre enfant. La théorie rawlsienne permet de justifier l'alternative inverse.

La théorie de la justice

Rawls imagine l'ordre social qui émanerait d'une expérience où les citoyens, placés derrière un *« voile d'ignorance »* qui leur cache leur propre position afin de garantir l'impartialité de leur jugement, décideraient de l'ordre le plus juste : après s'être assurés de leurs libertés de base (relatives à la préservation de leur intégrité physique et morale notamment, allant jusqu'à la liberté d'expression et à leurs droits civiques), Rawls pense que les citoyens souhaiteraient maximiser pour tous la quantité des moyens matériels permettant de faire usage de ces libertés.

Cette maximisation suppose pour Rawls le respect de deux principes. Le principe bien connu d'égalité des chances, qui garantit qu'à vocation et qualités égales, deux individus auraient les mêmes chances d'accéder aux mêmes places. Et le principe de différence, qui est bien plus intéressant. Les qualités des uns n'égalant pas celles des autres, le système le plus juste ne peut être l'égalité ; mais l'on ne peut choisir d'améliorer le sort de certains au détriment des autres : il faut donc que le modèle retenu augmente la place et les revenus de tous pour qu'il soit préféré ; autrement dit, il faut que ceux qui en bénéficient voient une part de leur profit redistribuée. Les inégalités ne sont légitimes que si tous profitent, bien que dans des proportions différentes, de l'augmentation des richesses qu'elles induisent, tandis que les institutions justes sont celles dont la position la plus basse est néanmoins plus élevée que dans toute autre organisation possible.

À RETENIR

De quel droit peut-on dire qu'il est juste ?

Les différentes théories du droit ont successivement pensé celui-ci comme émanant d'une loi naturelle et hétérogène à la justice humaine, puis comme le résultat d'une variation particulière autour d'un droit naturel commun à toutes les organisations humaines, enfin comme un fait indépendant de toute norme transcendante.

La théorie de la justice contre l'utilitarisme

La théorie de la justice entend fonder le concept de justice qui prescrira un droit juste. Sa démarche s'oppose à celle de l'utilitarisme, qui identifie le juste et l'utile et ne pense la justice qu'à l'aune de la quantité qui constitue la loi de l'utilité.

Rawls

Pour Rawls, la société la plus juste est celle où la place la plus basse est plus élevée que dans toute autre organisation possible : les inégalités ne sont acceptables qu'aussi loin qu'elles profitent à tous, quitte à introduire une variable de redistribution.

L'État

Ce que l'homme perd par le contrat social, c'est sa liberté naturelle et un droit illimité à tout ce qui le tente et qu'il peut atteindre ; ce qu'il gagne, c'est la liberté civile et la propriété de tout ce qu'il possède. [...] On pourrait sur ce qui précède ajouter à l'acquis de l'État civil la liberté morale, qui seule rend l'homme vraiment maître de lui ; car l'impulsion du seul appétit est esclavage, et l'obéissance à la loi qu'on s'est prescrite est liberté.

Rousseau, *Du contrat social*

L'État désigne le centre du pouvoir qui formule les lois, en assure le respect et tranche les différends qui peuvent surgir entre les individus. Logiquement plus qu'historiquement (car il est bien difficile de dater l'émergence de l'État, tant l'histoire en a connu des formes minimales et difficilement caractérisables), il est l'émanation de la société civile qui a choisi, en l'espèce de ce que les philosophes ont pour habitude de nommer le « contrat social », de lui déléguer le rôle de maintenir l'ordre. De somme d'individus, la société civile s'est ainsi constituée en une communauté de citoyens qui partagent le plus souvent la même nationalité. Cette définition de l'État laisse dans l'indétermination un certain nombre de questions, comme celle d'une éventuelle séparation des pouvoirs et celle du modèle de gouvernement dont nous analyserons les alternatives libérale et républicaine ainsi que les enjeux quant à la conception de la volonté générale ou collective.

Le contractualisme

Hobbes fut le premier à penser le contrat social comme le fondement de l'État, qu'il nomme le « Léviathan » en référence à un monstre

biblique. Aspirant naturellement à la possession des biens, les hommes vivant à l'état de nature sont voués à la guerre de tous contre tous. Selon le mot célèbre de Hobbes, *« l'homme est un loup pour l'homme »*. C'est donc par un calcul rationnel que les hommes ont choisi de contracter un engagement par lequel ils se dessaisissent de leurs droits et les transfèrent à un tiers, une autorité souveraine. Véritable limitation réciproque des droits, ce transfert par tous d'une partie de ses libertés individuelles est le gage pour chacun de la sécurité de ses biens et de sa personne. Comme l'a indiqué Carl Schmitt, la *« solution État »* est la solution du conflit qui détruit les interactions : les conditions de la « paix » humaine se fondent sur la réalité ou sur la menace, la virtualité de la guerre. Dans cette perspective, l'État semble être engendré par un traité de paix, un contrat social ou un pacte de réconciliation des intérêts ou des idéaux en vue d'une coopération stable dans la durée. Mais de quelle manière ?

Le modèle libéral et le modèle républicain

La question est au fond de savoir où placer le curseur entre liberté totale et contraintes totales du citoyen vis-à-vis de l'État. La position libérale est bien connue : l'État ne doit intervenir qu'aussi loin que cela est absolument requis pour le maintien de la sécurité des biens et des personnes. Aspirant à la liberté totale, c'est à un compromis qu'elle aboutit, si peu qu'intervienne l'État.

L'alternative républicaine, bien que plus lourde de présupposés, permet de penser les citoyens comme parfaitement libres. Théorisée par

Rousseau, elle est fondée sur la distinction des libertés naturelle et civile, que le libéralisme identifie pour sa part l'une à l'autre. La liberté du citoyen est pour Rousseau la seule vraie liberté dont il nous soit donné de jouir : en effet, si nous n'obéissons pas aux lois, à quoi obéissons-nous ? À nos instincts et à nos appétits, que nous n'avons pas choisis et auxquels nous nous soumettons spontanément. Mais ce qui est naturel en nous n'est pas forcément ce que nous avons de plus noble ni le plus souhaitable, et le choix que nous avons fait librement lors du passage à la société civile viendrait, s'il le fallait, en attester. Pour Rousseau, *« l'obéissance à la loi qu'on s'est prescrite est liberté »*. Le pacte social a donc dû être adopté à l'unanimité, cette unanimité originelle fondant la légitimité des votes à la majorité par la suite. Alors que le libéralisme portait ses préoccupations sur le respect des libertés individuelles, le républicanisme de Rousseau concentre les siennes sur le respect de la volonté générale.
Opposé à la séparation des pouvoirs exécutif, législatif et judiciaire, il craint que le pouvoir souverain de l'État ne soit affaibli de se voir ainsi divisé et exposé au risque de la réapparition de visées particulières à chaque pouvoir. La tradition libérale considère pour sa part la séparation des pouvoirs comme une importante garantie apportée à la liberté des citoyens, notamment contre la menace que ferait peser sur celle-ci le despotisme d'une puissance sans partage.

Citoyenneté et nationalité

La plupart des États modernes se sont constitués selon le principe « une langue, un État ». Si l'on y trouve certaines exceptions, comme la Belgique et la Suisse, où nationalité et citoyenneté sont clairement distinguées, ou bien le Canada, dont les citoyens peuvent avoir la nationalité québécoise, ontarienne ou inuit, ils sont loin d'être la norme. Il est pourtant désormais pertinent d'en analyser le fonctionnement, dans la mesure où la perspective d'une Europe supranationale relance la problématique de la citoyenneté multiculturelle.
Si une identité postnationale devait surgir de la construction européenne, quel pourrait en être le contenu ? Dans l'hypothèse où citoyenneté et nationalité se verraient de plus en plus profondément dissociées,

il faudrait que s'opère un phénomène comparable à celui qui a permis l'émergence du pacte social, à savoir un resserrement des valeurs sur la sphère juridique et constitutionnelle : il faudrait qu'une volonté générale, supranationale, puisse résulter des volontés nationales particulières et, qu'abandonnant une partie de leurs libertés individuelles, les différentes nationalités soient chacune plus libres.
Habermas s'est ainsi fait le penseur d'un *« patriotisme constitutionnel »*, c'est-à-dire d'un sentiment d'appartenance fondé non pas sur une tradition et une histoire communes, mais sur des valeurs politiques et juridiques. Pensé autour de la Constitution et non plus de la nation, on observe que l'État ainsi formé demeure entravé en matière de politique extérieure, comme on l'a plusieurs fois observé dans le cas de l'Europe.

À RETENIR

Le « contrat social »

Il désigne le pacte par lequel les membres de la société civile décident, à l'unanimité, de se doter d'un État. Pure fiction théorique, il permet aux philosophes d'expliquer le passage de la « guerre de tous contre tous » à un système politique fondé sur des lois.

Libéralisme ou républicanisme ?

Utile du point de vue théorique, l'hypothèse du contrat social laisse indéterminés les grands principes qui vont présider à la rédaction des lois : la liberté des citoyens, dont l'État est le garant ainsi que de leur sécurité et de celle de leurs biens, suppose-t-elle un système de lois réduit à sa plus simple expression ou émane-t-elle au contraire de leur obéissance aux lois qu'ils ont choisies ?

Le patriotisme constitutionnel

La remise en cause de l'hégémonie du modèle de l'État-nation pose au philosophe la question du sentiment d'appartenance qui pourrait soutenir les formes étatiques multinationales, autour de la notion de patriotisme constitutionnel notamment.

Morale, éthique et devoir

La morale réplique à la violence. Et si le commandement ne peut s'empêcher de revêtir la forme de l'interdiction, c'est précisément à cause du mal : à toutes les figures du mal répond le non de la morale. […] Au plan de la visée éthique, la sollicitude, en tant qu'échange mutuel des estimes de soi, est de part en part affirmative. Cette affirmation est l'âme cachée de l'interdiction. C'est elle qui, à titre ultime, arme notre indignation, c'est-à-dire le refus de l'indignité infligée à autrui.

Paul Ricœur, *Soi-même comme un autre*

Défini comme un impératif qui impose à l'homme d'accomplir ce qui est prescrit en vertu d'une obligation, le devoir est à la fois le pivot et la partie à proprement parler « problématique » de la philosophie morale. Qu'est-ce, en effet, qu'une action moralement bonne ? La tradition philosophique se distribue en deux grandes conceptions de la moralité, définies comme déontologique (de *deon*, devoir) ou téléologique. Pour la première, seule importe la forme de l'action quant à l'appréciation de sa moralité : l'action ne sera morale que pour autant que la volonté qui y a présidé le soit. Pour la seconde au contraire, la morale s'ordonne à une fin. Seront bonnes les actions qui tendent vers le bonheur pour les eudémonistes, vers l'utilité pour les utilitaristes. Mais au fond, pourquoi voudrions-nous être moraux ? La perspective généalogique de Nietzsche vient questionner les raisons qui font de la morale une valeur en soi.

Les deux types de morale

La morale téléologique trouve dans Aristote son premier partisan. Il n'y a pas de bien plus grand que le bonheur, qu'il nomme

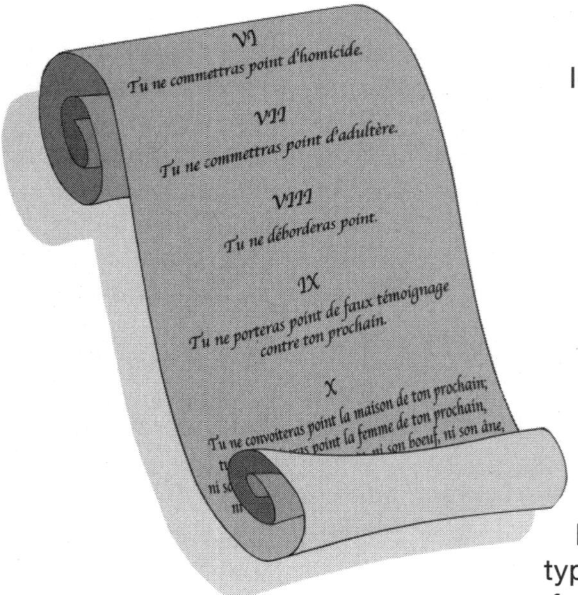

le *« souverain bien »* et auquel il entend logiquement articuler la *« vie bonne »*. Le bonheur est ainsi le but par rapport auquel se détermine, dans chaque situation, ce qu'il faut faire ou ce qu'il ne faut pas faire, tandis que la vertu, à laquelle il convient de s'exercer, est définie comme la capacité de viser le type de vie qui paraît le plus conforme au bien, donc la vie la plus parfaite.

Pour Kant, au contraire, qui est le grand représentant de la morale déontologique, n'est morale que l'action qui est le fruit d'une volonté moralement bonne, et le devoir est *« la nécessité d'accomplir une action par respect pour la loi »* (*Fondements de la métaphysique des mœurs*). Faire le bien avec plaisir, c'est agir conformément au devoir, mais non par devoir. Car loin d'être un concept empirique, le devoir est un ordre a priori de la raison. C'est même un impératif catégorique, c'est-à-dire qu'il nous donne une action pour nécessaire en elle-même, inconditionnellement, sans considération aucune pour la fin de l'action. Le devoir est donc purement formel, et l'on ne peut juger de la moralité d'une action en général, de sa conformité au devoir, qu'en la considérant du seul point de vue de l'intention qui y a présidé.

Il n'y a donc pas pour Kant de *« mensonge par humanité »* : le mensonge est répréhensible en soi et non seulement en fonction des circonstances. De manière générale, on peut pour juger d'une action se demander si la maxime qui y a présidé est universalisable : puis-je ériger le mensonge en loi universelle ? Non, et même s'il peut sembler préférable de mentir dans une situation donnée, pour ne pas froisser quelqu'un par exemple, il n'est pas moral de le faire car un monde régi par le mensonge n'est pas souhaitable. Ce que Kant formule ainsi : « *Agis uniquement d'après la maxime qui fait que tu peux vouloir en même temps qu'elle devienne une loi universelle.* »

Le deuxième impératif kantien découle du premier : je ne peux vouloir que ce qui est universalisable et je ne peux par conséquent vouloir pour l'autre ce que je ne veux pas pour moi-même, ce qui se dit : « *Agis toujours de telle sorte que tu traites l'humanité, aussi bien dans ta personne que dans la personne de tout autre, toujours en même temps comme une fin et jamais simplement comme un moyen.* »

Le devoir comme dressage

Kant ne peut s'empêcher d'admirer combien, dans l'intelligence commune de l'humanité, la faculté de juger en matière morale l'emporte de loin sur la faculté de juger en matière théorique. Dans un cas comme dans l'autre pourtant, ces facultés ont dû être développées et éduquées. On peut même parler pour Nietzsche d'un véritable « dressage » qui va à l'encontre de nos penchants les plus naturels et les plus affirmés (même chez Kant l'action morale est difficile, exigeante), et qui ne parvient jamais tout à fait à ses fins dans la mesure où il n'y a pour lui que des actions et des intentions immorales.

Pour peu que l'on se place « *au-dessus de l'illusion du jugement moral* » (*Crépuscule des idoles*), on découvre en effet que la réalité des intentions d'un individu, des raisons qui le meuvent, est du côté des désirs et de la satisfaction des instincts. La morale n'est de ce point de vue rien d'autre qu'une façon « *d'échapper à la réalité par un mensonge* », explique-t-il dans *L'Antéchrist*. La question qu'il pose, en « *généalogiste de la morale* », est dès lors de savoir qui a peu à peu introduit ce mensonge et pourquoi ?

La réalité étant que nous sommes animés par la « *volonté de puissance* », la morale ne peut être que l'œuvre des esprits faibles et malades, aliénés de cette belle énergie qui devrait les parcourir. Le verdict de Nietzsche est dès lors sans appel : « *Le suicide de la morale est sa propre et ultime exigence morale* », conclut-il dans ses *Fragments posthumes*.

La morale, un chapitre de l'éthique ?

Si elle ne répond pas ouvertement à Nietzsche, la tentative par Ricœur de concilier les morales déontologique et téléologique permet tout au moins d'envisager une autre possibilité. Il montre en effet dans *Soi-même comme un autre* que la morale déontologique a quelque chose de purement négatif, comme le pense Nietzsche : l'impératif catégorique s'applique et doit bien s'appliquer en réaction à la violence et au mal. Mais en réaction seulement, car contrairement à Kant, Ricœur ne voit pas dans la moralité la fin de l'existence humaine. Elle est une simple bande d'arrêt d'urgence, certes absolument nécessaire, mais dont il serait absurde et réducteur de faire un absolu. La vie humaine ne s'épuise pas dans la recherche de la vertu et la conformité au devoir. L'homme est d'abord un être libre qui aspire au bonheur, à bien vivre et à toutes les fins qui le lui permettront. Autrement dit, la morale ne constitue pas le tout de l'éthique, prise dans son sens général d'étude des principes de l'action humaine.

À RETENIR

Morale déontologique ou téléologique ?

La morale doit s'armer d'un critère pour définir le devoir : les partisans de la morale téléologique, comme Aristote, ordonnent la moralité à une fin qui lui est supérieure, comme le bonheur ; Kant, qui est pour sa part le représentant de la morale déontologique, pose la morale comme une fin en soi et définit le devoir comme pure obéissance à la loi morale.

La généalogie de la morale

Mais d'où vient l'impératif moral, demande Nietzsche ? De la peur et de la faiblesse de ceux qui, ne pouvant s'affirmer par leur volonté de puissance, ont tenté de l'anéantir en tout homme.

La solution éthique

Mais la morale n'est qu'une partie de l'éthique, définie comme l'étude des principes de l'action humaine. Si la morale déontologique est requise en réponse à la violence, elle n'est pas la fin de l'existence humaine, que Ricœur voit, comme Aristote, dans le bonheur.

La liberté

Cette indifférence que je sens, lorsque je ne suis point emporté vers un côté plutôt que vers un autre par le poids d'aucune raison, est le plus bas degré de la liberté, et fait plutôt apparaître un défaut dans la connaissance, qu'une perfection dans la volonté; car si je connaissais toujours clairement ce qui est vrai et ce qui est bon, je ne serais jamais en peine de délibérer quel jugement et quel choix je devrais faire; et ainsi je serais entièrement libre, sans jamais être indifférent.

Descartes, *Méditations métaphysiques*

Caractérisant nos actions comme délibérées et volontaires, l'idée de liberté semble coextensive à notre humanité, dans la mesure où elle fait de nous des êtres autonomes, non soumis au déterminisme et par là responsables. Mais c'est aussi le paradoxe de la liberté qu'elle ne peut être pensée autrement que comme solidaire de l'idée de nécessité, car quelle serait la valeur d'une liberté envisagée comme pure gratuité, en dehors de toute norme et de toute valeur ? Nombreux sont les philosophes qui l'ont ainsi conçue comme la juste compréhension, et le prolongement de cette compréhension dans la volonté qui nous pousse à agir, de la nécessité qui préside à notre existence, que cette nécessité soit de nature morale, biologique, sociale ou métaphysique. À supposer que l'on puisse dire l'homme libre, dans quelle mesure la liberté qui nous est donnée nous permet-elle de décider de nous ?

Liberté d'indifférence et libre arbitre

La liberté est d'abord le fait de ne pas être contraint à agir, d'être libre de ses mouvements et de ses pensées. Envisagée comme telle, notre liberté est absolument souveraine puisque rien ne vient a

priori influencer nos actes. Descartes la définit dans les *Principes de la philosophie* comme une puissance infinie de choisir nos actions *« par une détermination de notre volonté »* sans y être *« déterminés et contraints par un principe étranger »*. Contrairement à l'âne de Buridan qui se laisse mourir de faim et de soif parce qu'il est incapable de se décider entre l'eau et l'avoine placées à égale distance de lui, nous sommes doués de volonté et notre libre arbitre est susceptible de décider par lui-même, quand bien même les alternatives du choix pourraient sembler égales, indifférentes. Or, qu'est-ce qui nous distingue de l'âne, si ce n'est l'entendement ? Influencé par lui, nous sentons que notre volonté n'en est que plus libre, puisqu'il n'est rien d'extérieur à nous d'une part, et que nous pressentons qu'il nous oriente vers ce qui est bon pour nous de l'autre. Et si l'entendement nous prescrit de faire ceci plutôt que cela, son pouvoir n'est jamais souverain, et nous pouvons parfaitement choisir de faire l'opposé et de laisser nos penchants prendre les commandes de notre volonté.

L'indifférence, que l'on a tendance à se représenter comme la liberté suprême, n'est en fait que le plus bas degré de la liberté, celui de l'absence de contrainte. Un choix indifférent est en réalité un choix contraint, non libre dès lors qu'il n'est pas éclairé par l'entendement.

Une liberté sous contrainte ?

Les penseurs du soupçon que sont Nietzsche, Freud et Marx, ont profondément remis en cause la notion de libre arbitre. Pour Nietzsche, cette notion n'est qu'une « fable » inventée par les faibles pour pouvoir

condamner les actions des forts qui sans cela les soumettraient : la morale n'a pour Nietzsche d'autre fondement que la nécessité pour une partie de la société de se protéger d'une autre. Avec la notion d'inconscient et la « psychologie des profondeurs » qui la sous-tend, Freud a définitivement ébranlé la représentation du sujet conscient et transparent à lui-même héritée de Descartes. L'une des conséquences en est qu'une partie de notre vie psychique, des motifs qui nous poussent à agir, de nos paroles et de nos pensées (les actes manqués et le rêve notamment) échappent à ce que nous nous représentons comme « notre volonté ». Marx enfin, a pour sa part montré que la lutte des classes était susceptible de produire un inconscient social qui conditionne a priori les comportements, les goûts et les représentations en fonction de l'appartenance de classe de chacun, c'est-à-dire de sa position dans l'économie capitaliste.
Le libre arbitre cartésien semble donc doublement entamé : parce qu'il nous arrive de céder à nos penchants plutôt que de suivre notre raison d'une part, et parce que ce qui peut nous apparaître comme des choix délibérés procède en fait de schémas sociaux, qu'ils nous soient transparents ou non, ou de causes inconscientes. Comme le disait déjà Spinoza bien avant les trois penseurs du soupçon : *« Les hommes se figurent être libres parce qu'ils ont conscience de leurs volitions et de leurs désirs, et ne pensent pas, même en rêve, aux causes par lesquelles ils sont disposés à désirer et à vouloir. »*

La liberté comme projet

Faut-il pour autant en conclure que la liberté est une notion vide de sens pour l'homme ? Rousseau dit pourtant bien que *« l'obéissance à la loi qu'on s'est prescrite est liberté »*. La dimension politique, qui surdétermine largement la notion de liberté, en donne aussi la clé : la liberté du sujet d'un État de droit n'a d'autre contenu que l'obéissance à la loi à laquelle il a librement choisi de se soumettre. Notre libre arbitre peut sembler mis à mal par quantité de déterminismes, bons ou mauvais, il reste qu'il est dans notre condition de décider de nous. Contrairement à l'âne de Buridan qui pourrait mourir de ne pas choisir entre l'eau et l'avoine, nous sommes, pour reprendre la belle expression de Sartre, *« condamnés à être libres »*, c'est-à-dire à choisir. Nous sommes peut-être plus souvent agis que nous n'agissons vraiment, et de fait nous « délibérons » rarement avec nous-mêmes (Sartre voit dans la délibération une fiction par laquelle nous nous jouons la comédie de l'indétermination, alors que notre choix est déjà fait depuis longtemps), mais peu importe car nous avons toujours déjà décidé de nous. Sartre pense notre liberté comme un « projet » qui s'inscrit dans une nécessité que nous n'avons pas choisie, – la situation dans laquelle nous nous trouvons – et dont notre existence déroule les effets sans que nous ayons besoin de les peser avant d'agir. C'est dans ce sens que Bergson dit que « *nous sommes libres quand nos actes émanent de notre personnalité entière, quand ils ont avec elle cette indéfinissable ressemblance qu'on trouve parfois entre l'œuvre et l'artiste* ».

À RETENIR

Des différents degrés de la liberté

Nous sommes libres à plus d'un titre : parce qu'il nous est donné de décider de nos actions et de penser par nous-mêmes, nous sommes doués de ce premier degré de liberté qu'est le libre arbitre. Mais nous sommes également des êtres rationnels et raisonnables, et nous pouvons choisir de décider d'exercer notre libre arbitre à la lumière de ces critères, ce qui constitue pour Descartes la vraie liberté.

Soupçons sur la liberté

La découverte de l'inconscient et la critique du libre arbitre par Nietzsche ont montré les limites de la notion de liberté : croyant décider de nous, nous serions en fait plutôt aveugles aux déterminismes auxquels nous nous voyons soumis.

La liberté comme émancipation

Mais la connaissance de la part de nécessité qui nous régit ne constitue-t-elle pas un degré supérieur de liberté ? Sartre définit ainsi la liberté comme un projet par lequel il nous est donné de décider de nous dans une « situation » qui nous précède.

Le bonheur

Tous les hommes recherchent d'être heureux. Cela est sans exception, quelques différents moyens qu'ils y emploient. Ils tendent tous à ce but. Ce qui fait que les uns vont à la guerre et que les autres n'y vont pas est ce même désir qui est dans tous les deux accompagné de différentes vues. La volonté ne fait jamais la moindre démarche que vers cet objet. C'est le motif de toutes les actions des hommes, jusqu'à ceux qui vont se pendre.

Pascal, *Pensées*

Contrairement à la joie ou au plaisir, le bonheur est un état durable qui suppose une adéquation entre notre vie et nos aspirations profondes, entre ce que nous faisons de nos vies et ce que nous sommes. Il est le vœu suprême, le désir unique vers lequel tendent tous nos autres désirs : nous voulons réussir notre carrière, tomber amoureux, briller dans tel ou tel domaine parce que nous savons que cela nous apportera le bonheur. Il est ainsi la finalité ultime, Aristote disait le *« bien suprême »,* auquel nous aspirons tous. Mais ne sommes-nous pas toujours empêchés d'être heureux par l'espérance même du bonheur ? C'est une autre manière de dire que si le bonheur est effectivement le but d'une existence, il ne peut en être la norme. Recherchant frénétiquement le bonheur, il deviendrait le tyran à l'aune duquel nous jugerions en permanence ce que nous sommes. Comment donc concilier notre penchant naturel à chercher le bonheur avec l'impossibilité de l'ériger en norme de nos vies ?

L'eudémonisme antique ou le bonheur des sages

« Une hirondelle ne fait pas le printemps », dit Aristote, de même que ni le plaisir, si intense soit-il, ni un moment de joie ne suffisent à

attester le bonheur. Celui-ci, de fait, ne s'avère qu'au crépuscule d'une existence, lorsqu'il est certain que plus aucun événement ne viendra la troubler. Car il est bien difficile d'accéder à ce que les philosophies grecques, du stoïcisme au scepticisme en passant par l'épicurisme, ont constitué si ce n'est tout à fait comme norme du bonheur, du moins comme solidaire d'une discipline permettant d'y accéder : l'ataraxie, ou tranquillité de l'âme. La tyrannie des désirs, pensaient les philosophes de l'Antiquité, étant cause de trouble et d'insatisfaction – car les désirs en appellent toujours d'autres alors même que leur satisfaction ne procure qu'un plaisir médiocre au regard de la douleur engendrée avant qu'elle n'intervienne – une première étape vers le bonheur serait de contrôler ses désirs afin de libérer l'âme de leur emprise.

Mais l'intranquillité de l'âme ne tient pas aux seuls désirs : quand bien même serait-elle parfaitement tranquille aujourd'hui, celle-ci n'en continuerait pas moins de s'inquiéter au sujet de demain. Là encore, il est possible de la raisonner et de l'éduquer, suivant la fameuse distinction stoïcienne entre les choses « qui dépendent de nous » et « celles qui n'en dépendent pas », distinction reprise dans une maxime de la « morale par provision » de Descartes sous le commandement de *« changer mes désirs plutôt que l'ordre du monde ».* Pourquoi, par exemple, avoir peur de la mort, contre laquelle nous ne pouvons rien ? L'adversité ne peut plus rien contre un homme qui se dispose favorablement à son égard, et c'est pourquoi la meilleure réponse aux aléas de la vie est de les relever résolument plutôt que de s'en désoler. Il reste que ces différentes méthodes semblent conduire à la sagesse bien plus certainement qu'au bonheur, terme que son étymologie fait dériver de la « bonne fortune » ou de la chance.

Le bonheur impossible ?

Faut-il pour autant assentir avec Kant à l'idée que le bonheur n'est au fond qu'un « idéal de l'imagination » dont la pleine satisfaction est impossible ? L'eudémonisme faisait du bonheur le « souverain bien », celui qui, parce qu'il est recherché par tous les hommes, méritait d'être érigé en norme du comportement bon, c'est-à-dire à la fois conforme à la nature de chacun et moralement juste. Pour Kant le bonheur n'est qu'une idée que la raison pratique (qui n'est qu'un autre nom de la conscience morale) est conduite à postuler comme *« la satisfaction de toutes nos inclinations ».* Parfaitement égoïste, l'aspiration au bonheur entre nécessairement en conflit avec la loi morale qui qualifie comme telle une action dont le mobile, loin d'être égoïste, se doit d'être universalisable, c'est-à-dire guidé par un principe qui puisse valoir pour tous. Par conséquent le bonheur ne saurait être le mobile de l'action bonne, et encore moins la « récompense » escomptée de son accomplissement. Kant concède pourtant que celui qui agit moralement accède à la vertu, qui nous apprend à son tour à *« nous rendre dignes du bonheur »*, auquel nous ne pouvons finalement accéder qu'à condition de ne pas le chercher, obéissant à la loi universelle de la raison pratique.

Le dionysiaque

Encore une fois, il apparaît en conclusion de la réflexion kantienne que le bonheur réside dans une forme de sagesse peut-être problématique. Le bonheur ne se voit-il pas par là privé de cette intensité, parfois certes terriblement éphémère, qui émane d'une vie heureuse ? Il est possible, dit Nietzsche, de vivre dans la crainte d'un bonheur à la petite semaine et chèrement obtenu à coups de privations. Mais il est également possible, c'est là l'essence du dionysiaque, de vivre en « esprit libre », en affirmant la vie dans son mouvement et dans sa force au lieu de la soumettre à des disciplines qui l'amputent de son intensité. L'esprit libre est pour Nietzsche le créateur de ses propres valeurs : rien n'ayant de valeur en soi, seules sont valables l'expansion des forces vitales, l'assomption de tous les plaisirs quelle que soit leur « cruauté », la recherche du « Grand Midi » comme bonheur concret de la renaissance. Un tel esprit ne saurait s'inquiéter de la possibilité du malheur, dont Nietzsche, du reste, pense l'« éternel retour » comme nécessaire : un tel esprit se fait précisément « surhomme » par sa capacité à accepter la perspective d'un retour garanti de la souffrance. La raison, la loi morale, l'expansion de nos forces vitales : peu importe la norme censée nous y mener, toute réflexion sur le bonheur aboutit au constat qu'il s'accompagne d'une forme de résignation, d'acceptation de ce sur quoi les êtres finis que nous sommes ne sauraient avoir prise. Il ne nous reste plus qu'à *« fuir le bonheur de peur qu'il ne se sauve »,* ou à accepter de le prendre tel qu'il vient sans tenter à toute force de l'installer dans nos vies.

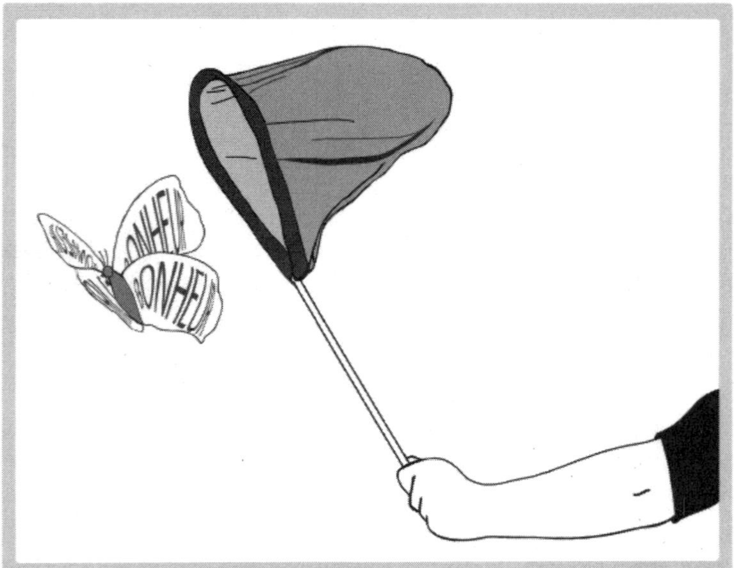

À RETENIR

L'eudémonisme

Pour les Grecs, le bonheur requiert une discipline qui vise à éduquer ses désirs afin de ne pas être soumis à leur empire, et à s'affranchir de la crainte de ce qui ne dépend pas de nous.

La vertu, chemin vers le bonheur

Pour Kant au contraire, le bonheur étant un idéal de la raison jamais actualisable, les actions doivent être inspirées non par sa recherche mais par la loi morale qui, nous menant à la vertu, nous rend dignes d'être heureux, à défaut de pouvoir l'être jamais vraiment.

Le bonheur comme affirmation de la volonté de puissance

En réponse aux différentes définitions du bonheur qui conditionnent celui-ci à une forme de résignation, Nietzsche se fait le défenseur du dionysiaque, de l'affirmation de la volonté de puissance contre les forces réactives qui voudraient l'oppresser. Mais l'éternel retour et la nécessité pour le surhomme de l'affronter sereinement indiquent pourtant les limites de la volonté de puissance.

Au terme de ce bref parcours, loin d'espérer avoir résolu les grandes questions de la philosophie sur lesquelles nous nous sommes avancés, nous espérons du moins avoir apporté quelques éclairages sur la manière dont il est possible de les penser, en tant que problèmes avant tout humains. La philosophie du sujet, de la culture, des sciences, puis la philosophie politique et enfin la philosophie morale ont été traitées à travers les sujets incontournables qui constituent le corpus dont les bacheliers sont supposés pouvoir répondre. Ce corpus constitue aussi une base solide de connaissances et une familiarisation suffisante avec le questionnement philosophique pour qui souhaite approfondir par lui-même l'un ou l'autre des domaines abordés. Comme nous avons voulu le montrer, la philosophie étant connaissance par purs concepts, c'est son exercice bien plus que l'apprentissage de son corpus qui permet d'y progresser, dans une quête qu'il faut d'emblée assumer comme infinie. À défaut de mot de la fin nous laissons donc la parole à Novalis, dont cet extrait pourrait figurer en exergue de tout ouvrage philosophique : *« La philosophie vit de problèmes comme l'homme de nourriture. Un problème insoluble est une nourriture au-delà de toute gratitude. »*

EDITIONS ESI

60, rue Vitruve, 75020 Paris

Auteurs : Chloé Salvan et Nicolas Treiber (p. 65-69)
Imprimé en République tchèque par FINIDR
© Éditions ESI – Dépôt légal : août 2012 – Achevé d'imprimer : août 2012

ISBN : 978-2-8226-0160-3 – N° Sofédis : S506110